百年中国记忆
BAINIAN ZHONGGUO JIYI

文学家自述

肝胆文章，一生皆为文学事

郑振铎自述

郑振铎 著

刘末鸣 段敏 主编

中国文史出版社
CHINA CULTURAL AND HISTORICAL PRESS

百年中国记忆书系

总策划、主编

刘未鸣

副主编

唐柳成　张剑荆　段　敏

百年中国记忆之文学家自述丛书

主　编

段　敏

责任编辑

（按姓氏笔画排序）

卜伟欣　牛梦岳　张春霞　高贝　徐玉霞

目 录

第七辑 ——　**从政九年**

——为文物古籍四处奔走

第一辑

走向文坛
——最初的试笔

我是少年

一

我是少年！我是少年！

我有如炬的眼，

我有思想如泉。

我有牺牲的精神，

我有自由不可捐。

我过不惯偶像似的流年，

我看不惯奴隶的苟安。

我起！我起！

我欲打破一切的威权。

二

我是少年！我是少年！

我有沸腾的热血和活泼进取的气象。

我欲进前！进前！进前！

我有同胞的情感，

我有博爱的心田。

我看见前面的光明，

我欲驶破浪的大船，

满载可怜的同胞，

进前！进前！进前！

不管它浊浪排空，狂飙肆虐，

我只向光明的所在，进前！进前！进前！

灯光

深秋中夜，黑云四罩，风吹叶落，萧萧作响。一个人提着灯，在荒野中寻路迈往。

灯光四射，融和光朗；照着前途明白。

但他总觉得孤孤单单的；有无限的凄凉、感伤，无限的恐慌。

好了！前面有几个人的声响了！

他极力的前进，想把他们追上；

他叫他们，想同他们共享这个灯光，共向前迈往。

但他们都不理他，仍旧在黑暗的荒野当中乱闯，他们嫌他的灯光耀眼，

叫他远远地离开，不许加入他们的党。

走！走！走！他看见前面是一片河荡。

他就大声地叫道："朋友！朋友！不可再前往！

你们快跟着灯光来，我愿意做你们探路的拐杖。"

但等了好久，没有一些回响。

黑云四罩，寒风萧萧；

他还是孤孤零零的一个人，挟着无限的凄凉、感伤，向前迈往。

追寄秋白、颂华、仲武

汽笛一声声地吹着，
车轮慢慢地转着；
你们走了——
走向红光里去了！

新世界的生活，
我们羡慕你们受着。
但是——
我们呢？仍旧是陈旧，黑暗；
更加了孤寂。

松柏依旧青着，
秋花依旧笑着。
旧游——几时再续？
惜别——谁忍记起！
汽笛吹碎我们的心，
我们的心，随着车轮转了。

秋风起了，
黄叶落了，
西比利亚的草原还青着么？

高加索山的寒气已重么？

别离——一日，两日，

相隔——千里，万里！

鱼雁呀！你们能把我们的心事带着去么？

汽笛吹着，

车轮转着，

灰色的国，远了，看不见了！

红光，近了，更近了！

汽笛呀！你把我们的心吹碎了，

我们的心随着车轮转了！

微光

微光，微光，
来呀，来呀！
微光，微光，
贯入黑雾之心呀！

Satan 高坐着呢，
Satan 高坐着呢。
亚当之子，忍受着苦役，
忍受着鞭笞、枪尖呢。

羞啊，羞啊，
亚当之子！
竟匍匐么？
竟呻吟么？
竟低首于 Satan 之前，而永久忍受么？

青年之血！沸呀，沸呀！
神圣之泪！流呀，流呀！
把 Satan 的宝座烧掉吧！
把 Satan 的宝座漂了吧！

卑怯之生呀，
尊严之死呀！
Jesus 呀，
Sophia 呀，
我拜，
我拜！

Satan 高坐着呢，
Satan 高坐着呢。
亚当之子忍受着苦役，
忍受着鞭笞、枪尖呢。

微光，微光，
来呀，来呀！
微光，微光，
贯入黑雾之心呀！

生命之火燃了

让我们做点事吧！

生命之火燃了！

死的静默，

不动的沉闷，

微弱的呼声。

"再也忍不住了！"

让铁锤与犁耙把静默冲破吧！

让枪声与硝烟把沉闷的空气轰动了吧！

只要高唱革命之歌呀！

生命之火燃了！

熊熊地燃了！

让我们做点事吧，

我们也应该做点事了！

惊悸

我低着头顺马路一直往北走。"靠边走！"如迅雷似的一声响，把我惊了一跳。抬头见前面一只黄色的手臂乱挥着，把行人、车、马，都赶到大车道上来。马路上立刻静悄悄的人烟断绝，只有向南来的一阵兵。很奇怪，他们为什么靠着马路两旁走？为什么一阵马兵一阵步兵地间着走？我心里印上了这几个疑问的符号，立刻命令着腿停止，眼睁睁地只向他们望。那一师那一营的兵士开拔吗？不对！总统出门吗？不对！什么大官僚死了，他们替他送丧吗？不对！……心里只管画了许多耳朵，只是一个个的遭了否决。忽然……奇怪！为什么又有两辆大车夹在阵伍中间走？大车上还坐着好几个人——一辆是四个人，一辆是五个人——呀！绝顶的奇怪！他们几个人为什么都把双手反缚着？可怕呀！他们的脸色！为什么这般白？为什么他们嘴唇都颤震着？……可怕！我回头来不敢再看了。兵都过去了，两辆大车也慢腾腾一步一步地夹在他们中间向前进。末了有一个兵官和一个抱着令箭的兵，押着阵过去了。

"是呀！往下斜街去了！"

"当中一个年轻的长得相貌很好，真可惜！"

我立刻明白了！一阵……咳，一阵说不出的感觉，来侵袭我了。打了几个寒战，心里只觉得软柔柔的，……真说不出……苦……苦……怕！灵魂跟着这两辆大车一块去了！腿也软软的大半天走不动。

食饭，只觉得……咳！不敢想！我只觉……悸……战……不知道为什么心里只是软柔柔的……

睡了！

忽觉得自己也坐着大车，被一阵兵押着由大街出城。到了！一片广场，除了几丛高粱，只有起伏的黄土堆。双手反剪着。神魂摇筑筑的，……只觉着四周围着许多张口舞爪的虎豹，等时候一齐扑来。

咳！惊悸呀！我受够了！为什么还不……

火光一闪，身边一个东西挟了……

忽地醒来，心里还嘭嘭地跳个不住，桌上一盏如豆的灯，放出绿惨惨的火苗……一身都是冷汗。

兄弟们呀！你们心里也软柔柔的吗？……两手满染着血，为什么？

咳！人呀！你们为什么……

觉着有一点血腥气……心里只是软柔柔的……说不出……

平凡地毁了一生

他死了。他的一生就如此平凡地摧毁了。

他是一个强健的活泼的青年。身体矮而肥胖；大而坚实的头上，有许多疤痕，都光滑地不长头发，把他顽皮而屡蒙颠仆、鞭打的历史表现出来。然而他大起来究竟知道一些世事。他的大而粗糙、血管蛛网似的布满着的手，也能够做许多事情，如用石膏摆在铜模里做出白而硬的粉笔，把五倍子造成蓝黑汁之类。他竟是一个工艺家。他买来一部催眠术函授讲义，学了一两个月，竟能把他的后母及他的同学们催眠着。他想悬牌开一精神疗养院，但是终为学校里的可恶的功课和他专制的父亲所妨碍，不能成功。这也没有什么关系。他还会算命和一些医生的知识，能抢着大而粗的手，张着大而阔的嘴，用不南不北的口音为人卜命运呢。他的志向真大而高尚，可是苦得太复杂些。

他学着俄文，将来可以做一个外交官。可是学校的年限太长了，他等不及，他想缩短些学业期间，早一些毕业，可以独立生活。二十岁已经成年的人了，还靠着父亲生活，真觉着羞耻呀！有一天，他看一段报上的新闻，说留法勤工俭学这样这样的好，他心里不觉怦然心动，想从苦里出身，做一个人上的人，就立刻跑去同他父亲商量，要赴法国勤工俭学去。但是被他的专制而顽固的父亲拒绝了。他懊丧得很，可是也没有法子，谁叫你自己不会独立挣着钱去留学呢？

他发愤想自己弄些钱。可是做什么事好呢？设立精神疗养院，看一个病人可以得二十、三十乃至五十、一百元。这是再好不过了。但是学校里可恶的功课和他的专制的父亲总是妨碍着他的这个计划的实现。算命……呀，太不像样，利益又太薄了。最后有了办法了，他想著一部书，可以卖得很多钱，这是名利双收的好方法，许多人都做过了。可是他的书讲什么好呢？他委实决断不下。写——写——写，究竟写什么呢？手颤着，头脑变了木头似的，咳，究竟想不出什么话来写。他明白了，这是他国文程度太坏的缘故。他很懊悔小的时候，为什么不用功来念书。赵先生总是迫他读古文，他恨极了，总是托故逃学，在外面与一班顽童掷钱，放风筝，排阵操练。现在可知道自己的不对了。好在还不晚，还可以补习呢。

他把家里藏着的文选、史记菁华、古文辞类纂都拿出来，天天地念。可是不认识的字、不明白的句子太多了。问谁呢？一月——两月——糊涂地念——啊，他又觉着这个方法迟缓了。——这究竟不是办法。但是除此以外，再也想不到别的弄钱的方法。只好暂时搁着吧。

他有好几个朋友在一个会里服务，教教书，调查调查人力车夫，还常把服务的好处讲给他们同学听；他们很觉愉快而活泼，在外面也非常活动。他很羡慕他们。人是社会的一分子，处在这样腐败的社会里，哪能放弃了自己的神圣的责任，不去服务社会、改良风俗呢？他立定了志向，就要求他们介绍，也入了这个会。很好！会里的人都很看得起他，腾出一点钟的算学功课来，请他教。他很喜欢；愉快、活泼地教着书，很能发挥出博爱、人道的精神。人力车要拣着老头子拉的车坐，拉得慢也不动火，当多给他们几个铜子。剃头——剪发——也要到生意清淡的下等理发所里去，因为很可怜他们，要照顾他们一些生意。又入了查经班，每礼拜六到青年会去一次，研究基督的圣训。

冬天到了，有几个大慈善家拿出一些钱来，交给这个会，叫他们散发给有病的不能过年的贫民。他们分区调查这种贫民；他也担任了一区的调查的事。他拿着调查表，冒着风雪，到各巡警分派出所里，问他们所辖的贫民的住址。他自己亲到那破屋病榻之前，慰问这些贫民。把他们的姓名、年龄、病状依式填在调查表上。三十那一天，是散发米钱的日子。他依着调查表，把米钱分给那些贫民，整整地忙了一天。到了晚上，匆匆地吃过年酒，又出去散钱了。他究竟是一个能实行的大社会改良家。许多人称赞他的热心。

他的父亲忽然地生病死了。他忙着丧事，未免把服务精神暂时收拾起来。过了好几七，他就扶柩回南了。

三个月以后，他又回来了。他的经济的压迫负在背上，使他不得不牺牲他的服务的精神。算学不教了。除了到学堂上课以外，他只是坐在家里吃补药，凝神听着自己的肺的鼓动和心脏的搏动的声音，因为他总疑惑他自己是有了肺病或神经衰弱病了。

过了半年，他祖父又写信叫他回南了。

他少年的时候，曾定了一头亲事，就是他的表姐妹。现在他祖父看他年纪已经不小，急着要给他娶亲，所以就写信叫他回南去。娶亲以后，家庭的生活倒很好，祖父也给他好些钱。因为学业的缘故，他终于把他的小家庭同着他的一个弟弟都带到京里来。忙了许久，才找到了房子，搬了进去。他现在可是不愉快、活泼了。一天到晚只是忙忙碌碌的，发挥做丈夫的本能；又要念书，又要一早上市买菜，又要照料家事。真是累得要死了！还有什么心肠服务、读古文呢？精神疗养院自然也开不成。他大而高尚的志向竟消磨了。可是他不注意这些，他只尽心做家主的事。

劳苦使他一天一天地衰弱下来，终于得了很厉害的虚肿病，不得不回南方疗养。不久，他的死耗，就传于朋友间了。

他的一生，就如此平凡地摧毁了。

一个不幸的车夫

上学的路上，远远地瞧见一大堆人围在一块。马路的两旁商店里，也出来好几个人，由我身旁跑过去看。我顿时发生了好奇心，匆匆地走到那里，也挤进人群里去。只见一个衣服破烂的人倒在地上，身旁通是鲜红的血。一辆破洋车搁在一边，轮子弯了，车把也断了。洋车的旁边，又停着一部汽车，初升的太阳照着它，闪烁的发亮。两个游击队的兵士和一个巡警围守着倒地的人，不使闲人走近。一瞥之下，我就知道这个人是一个给汽车撞倒的不幸的车夫了。

一阵凄惨的感情，充溢在我的心上，很想立刻闭着眼睛挤出去，走我的路。但是不能……再仔细地看了一看，这个不幸的人，有五十余岁的样子，"老态龙钟"，瘦而且弱。半年多没有剪的长头发，已有一半是灰白的了。手上脸上通是黑垢，破碎而单薄的衣裤也是龌龊不堪。不知他的伤在什么地方，只见得浑身都染有血迹的身子躺在地上，一点也不能动弹。脸色惨白得可怕。眼时时往上翻。虽然说不出话来，他的薄而褪色的嘴唇，却不住地一张一合，咳！嘴张得如此之大！话却总说不出来。显然是感得无限的痛苦。

凄惨与恐怖的情绪，一阵一阵地还是侵袭着我。再也忍不住了！我的视线只得避开他的身上。拿耳朵听站在旁边看热闹的人的话。

"他怎么会给汽车撞了的呢？"

"我看见他撞的。他拉着空车慢腾腾地经过这个胡同口。那个时候，恰好由胡同里跑出来那一辆汽车。叫笛呜呜响。不知他为什么听不见，不躲开，还是慢慢地走。汽车夫一时停不住车，就把他撞倒了。""这样宽的一条大路还躲不开，难道他是聋子，听不见汽车的叫笛响么？"

"咳！可怜！这一定是他命里注定，应该是死在汽车的轮子底下。"

胡同口的北首，摆着一排的人力车。五六个车夫也围在一块议论。

"老四上哪里去了？是不是去通知他的家里？"

"是的，那一个巡警叫他去的。"

"老赵真可怜！大清早的由家里赶出来拉车，就撞见这个大祸，眼见的就要不济了。不知道他家里的得信，要哭得怎么样子呢！"

"可不是，他的家里整年地病在床上，这几天刚好了一些，听见老赵给汽车撞死，可不要叫她立刻也死去么。"

"咳！他不知做下了什么坏事，家里只是出灾难，好好的做买卖，本钱却赔得精光，接着他母亲又死了。办好丧事，一个大子也没有剩下了。没有法子去拉车。想不到拉不到一年，却被汽车撞倒了。遗下一个病人，两个十岁以下的小孩，如果他真的死了，不知以后怎么样过日子呢？"

"他头一天到车厂里领车要拉，我就对他说：'老赵你是上年纪的人了，耳朵不大方便，身体也不大灵动。我劝你不要做这个费力气的苦买卖吧！你知道现在北京城里汽车一天一天的多，横撞直冲，我们拉车的不是常有给它撞死的么？'他叹了一口气回答道：'我怎么不知道。要另外有一条路走，我还肯把这副老骨头吃这个苦么？'我听他这样说，只得随他去了。却不知道他今天真吃汽车的亏。"

"有一天，我看见他带着病出去拉车。我就说：'老赵将息一天吧！何必带着病去做买卖。'他叹了一口气道：'一个铜子也没有了。昨天晚上还没有吃东西。不拉，今天吃什么？'咳！我们做苦买卖的真苦！"

"我只怪汽车不好。横撞直冲，总得要我们留神避它。真是可恶不过，他们有钱的人，坐在上面舒舒服服的。我们吃了它的灰尘臭气不算，一不留神，还要把性命送在它的轮下。横竖压死了我们一二个人，不过花了几十块钱，不算什么事。咳！他们吃一顿饭也要花上二三十块钱，买一匹马也要好几百大洋。我们穷人的性命真贱呀！……"

说话的车夫说得伤心，眼圈一红，几乎掉下泪来，哽咽着再也不能往下说。抬头看其余的车夫时，眼圈子也早红了。

　　车夫静默了，看热闹的却愈聚愈多。我挤在群众中，气闷不过，只得挤出去，仍旧走我的路。可是凄惨与恐怖总驱逐不去。在人们的无尽的生命流中，我永久纪念着这个脸色灰白、眼白上翻、嘴唇时时开合的不幸的车夫。

第二辑

入职『商务』
——编辑生涯的开始

明年的《小说月报》

本报一九二一年改革以后，至今已届三年。在这三年里虽然爱读者日益增加，我们对于新文学运动也略有些贡献，然而自己总觉得不能十分满意。自明年起，拟乘举行十五年纪念的机会，多约些撰稿者，将内容再加扩大，充实，精练，务使本报能成为一个较好的纯文艺杂志。现在先在此将我们的计划宣布如下：

第一，文学史及文学概论一类的篇幅拟大加扩充。中国读者社会的文学常识的缺乏是毋庸讳言的；明年的本报拟刊载《文学大纲》一种，系"比较文学史"的性质，自上古以迄近代，自中国以至欧美日本阿拉伯各国的文学都有叙到，同时并拟逐期登载"诗歌概论""戏曲概论"一类的文字，这两种稿子，至少总可以给一般读者及初次研究文学的人以很大的帮助。

第二，文学批评论及小说戏曲诗歌等的创作，都拟力求其能在文艺水平线上站立得住；我们虽愿意刊登粗枝大叶的伟大的感人的创作，却尤其希望能多刊实质与描写方法二者俱美的文字。

第三，翻译的作品，于选择最好的与最适宜于我们的以外，对于翻译的艺术也拟十分注意，至少想做到译文没有"看不懂"的所在。作者的生平及其他必要的说明也想多多地附注进去，并拟登一部长篇的翻译，即俄国阿至巴绥夫（Artsibashev）的《沙宁》（*Sanine*），这部书的价值，想读者都已知道。

第四，增加许多很有实用的文字，如"现代世界文学名家小传""中国文学者生卒考"，及"读书录""选录"之类，同时并拟汰除不很重要的文字，以期多容纳些这种较好的稿件。

第五，插图拟大行增加。所有画图都想选择与本报内容有联络的。《文学大纲》及《现代文学名家小传》都是有插图的，"海外文坛消息"一栏，也想时时附以必要的图画。至于著名画家的作品，则拟加以较详细的说明。

以上五端，为明年本报的重要变更，我们很希望国内外研究文学的同志及创作家能够常常帮助我们，使我们的这些愿望得以充分实现！

《印度寓言》序

寓言与"故事"及"比喻"，似皆有相类处，而又各有不同。故事是一篇事实的叙述，这种事实，或是真实的，或是为想象所创造的；它于事实的叙述外，不必更联合以什么道德的训条。比喻是用一段文字以表现一种隐藏的意义，这种意义是不直接表现于文字上的（如"貌比西施"一句，是用西施两字，以表白某妇的极美之貌的，不必直接地说出"极美"两字来）。寓言的性质，半与故事相同，又半与比喻相同。寓言与故事一样，是一篇简短的事实的叙述；又与比喻一样，是表达一种隐藏的意义的，不过不是用几个比喻的文辞来表达，而是技巧地用创造的人物的言、动以表达之的；寓言与故事及比喻不同的地方，是寓言必须包含有教训的目的，而故事及比喻则可以不必。寓言所最常表达的是道德的格言，人间的真理。最高尚的寓言常包含有伟大的目标，它在说着人间的真理，在教训着对面的人类，却把它的教训与真理，隐藏于创造的人物的言、动中；这些人物，大约都是些在田野中的家畜，空中的飞鸟，林中的树木，山内的野兽；等等。寓言作家于他们的一言一动中，传达出他的教训。读者得到这种教训，却并不看见教训者之立在他的面前。因此，他常常不自觉地表同情于一切纯洁、高尚的行动，而厌恶卑下的、无价值的行动，而同时便觉察到或改正了他自己的谬误。昔时印度的某王，极喜喋喋多言。群臣厌恶之而无法谏止。我们的大寓言作家乔答摩便对他讲说了一篇《多话的龟》的寓言，使他明白了多话之害。此后，某王便永革了那个多言之病。像这样的例子在真实的历史上也时常地可遇到。寓言的劝诫，实较正言厉色的争辩为更有效力。所以真的寓言家是负有极大的任务的。他不是一个叙述者，也不是一个比譬者。他乃是一个伟大的教师，一个善事的指导者，一个罪恶的纠察者。他的故事是使读者愉快的，然在快乐的面具中又藏着伟大的教训。所以他的目的是双层的，一层是叙说故事，一层是传达教训。在这里，寓言是超越于故事或比喻之上了。

一篇寓言必须注意的是：（一）事实的本身；（二）道德的训条；（三）引进的人物的真实性格。事实的叙述，必须简明，只叙到一件事，不要牵牵拉拉地叙到详细处所及繁复的背景。道德的训条必须非常明白、非常亲切的织合于所叙的事实中，使每一个读者都能立刻的有同样的解释。至于所叙的动植物的性格，必须顾察到它们的天然的特性，及大家公认的性情。狐必常是狡的，兔必常是怯弱的，狮必常是勇猛无伦的，狼必常是残忍的，驴必常是愚蠢的。多数的寓言，常以善于描写这些动物的特性使读者手不忍释。如违背于这些通例，则那些必难能成为好的寓言。德国寓言作家莱森，尝作一则很有趣的寓言道：

驴对伊索说道："以后你作寓言，讲到我时，请你使我说些聪明而有意识的话。"

伊索叫道："从你口里说些有意识的话！那么，世人将怎样的想呢？人便要称你为道德家而称我为驴了！"

作寓言者应紧守这个原则。但也未尝无例外。如狐在中世纪禽兽史诗《列那狐》（*Reynard the Fox*）里，是如何的一只可爱的狡猾者呀，然在高加索的几则民间故事中，狐却有时是很愚蠢的。《列那狐》中叙到狼被狐骗，低头去看马蹄，却为马所踢。在一则高加索民间故事中，则这个低头看马蹄而为马所踢的，万不是狼而是狐自己。不过像这样的例外，寓言中究竟是很少的。无论如何，兔是不会变成勇猛的，狮是不会变成怯弱多疑的。

寓言是很简陋的文体，它并不需华丽的雕饰，并没有繁复的内容；叙述直接而简明，教训也浅露而不稍含蓄。然其故事却为儿童所最愉悦，其教训也为成人所深感动。所以至今尚有作者，且尚流传极广。但寓言看似简单却是极不容易作的。自远古至于现在，作者时时有之。然成功的作者却只有寥寥可数的几个。在短短的一段小故事中，而欲传达出最深切的教训，最精练的人间真理，这真是非有大力量、大阅历的作者不办。

寓言的历史，可追述到极古。它虽不是最初的文学方式，却是远古期传播最广的文学方式。寓言的起源，在人类有了表白他们的思想在具体的印象上的普遍冲动之时，与语言中之用比喻正是同时。当这时，世界还在童年，野蛮人的思想，以为万物都是与人类一样，是具有灵魂的、会说话、会思想、会做如人类所做的行动的。于是动物乃至植物的故事，乃为这种童心的民族所创造、所传说。于是禽兽便披上了人的衣饰，说人所说的话，做人所做的事。寓言亦由此而兴起。在这时，寓言还只有一个躯壳——即故事本身——还未具有它的灵魂——即道德的训条——他们为说故事而说故事，并不含有传达什么教训之意。也许这些故事，多少带些解释自然现象的意思，但却绝未带有道德的观念。自旧世界以至新世界，自冰岛以至澳大利亚洲，这些禽兽故事都在传说着。在这些初民传说之后，我们才见到真正的所谓"寓言"的出现。这种真正的寓言的发源地是东方。现在我们还可见到他们的原始形式。印度斯坦是现在所知的它的产地。中国在印度文化未输入时，也即已有了很好的寓言不过后来却绝迹了。同时，印度寓言又传入了波斯、阿拉伯、希腊、拉丁。被称为欧洲寓言作家之祖父的伊索，即是感受印度的影响而去写作的。当佛教输入中国时，印度的寓言也输入了中国。六朝萧齐时，即已译有《百喻经》。所以，现在说寓言的历史的，都以印度为它的发祥地。

印度寓言在欧洲流传最广者为《比尔配》（*Pilpay*）一书，这是乔答摩所作寓言的总集，与我们译的《百喻经》正是同类。《比尔配》在欧洲有了不少的译本。本书上册的大部分即是从（P.V.Pamasrwami Raju）所选集的一本译出。还有一小部分是由别的来源得来。在《比尔配》原文里，于寓言的本文外，尚有许多的叙述，说明乔答摩说这寓言的原因及结果，又详细地解释那些寓言的本意。这里把它们都删削去了。这可以使读者更感得直接的兴趣，而不受繁辞的厌倦。下册拟选译《百喻经》及其他印度寓言。

我很爱这些寓言。有许多是极机警可爱的，有许多是含意极深的讽刺。——虽然写作于远古，却还好像是正对着现代人而发的。一般读者随意地翻阅，至少可以得些兴趣——虽然不必说是受益。小学校从中选取教材，也可使儿童们十分欢迎。便是儿童们自己，似亦可无帮助的读此书而不大费力。

《莱森寓言》序

寓言是不很容易作的。自古代到了现在，成功的寓言作家，屈指数来，不到十余人。在欧洲，最著名的自然是希腊的伊索。伊索之后，法有拉芳登（La Fontaine），俄有克鲁洛夫（Krylov），德有莱森（Lessing）。这几个人都是很成功的寓言作家。

莱森（Gotthold Ephraim Lessing）生于一千七百二十九年，是他的时代中著作方面最繁多的作家，与歌德（Goethe）及席勒（Schiller）齐名。他早年在利百兹（Leipzig）及柏林（Berlin）读书。后来成了一个诗人、寓言作家、戏剧家、批评家。他的第一篇剧本《少年学者》，即使他得了"德意志的莫里哀"的称号。他的批评著作《拉奥孔》（Laocoon）是十八世纪的所有批评著作中的最伟大者。他的《寓言》（Fabeln）出版于一千七百五十九年。此外尚有许多重要的著作。

他的死年是一千七百八十一年。

法国的拉芳登以轻笑微讽的态度，来写作他的寓言；他锐敏地观察十七世纪的全社会，而把它的种种色相捉入他所写作的寓言中。后来的模仿者益扬其风，专以讽刺当代人的愚行及小错为务。莱森的寓言是反抗这个法国派的寓言的。莱森说道："我并不与拉芳登他自己相争论，我所反抗的是拉芳登的许多模仿者。"他以为理想的寓言，便是伊索的寓言。所有后来作家的雕饰美好的寓言，都是与这些古代作品相违背的。寓言乃是一则道德的训条，用一个简明的例子来说明它。当然的，寓言作家所注视的乃是全个人间，乃是不变的道德训条，乃是深切的人间真理，并不是一时的社会现象及当代人的愚行、小错。

莱森的寓言，我未见有英译的全本。这里所译的，只不过是我所见到的数十则的选本。将来有机会得到全本，当更补译出以呈于读者。

小学校用此书作教本，及儿童们取它来读，我想是很相宜的——虽然其中有几则深刻的道德训条，是儿童们所未必懂的，故事的本身已足使他们愉悦了。

《新月集》译者自序

　　我对于泰戈尔（R.Tagore）的诗最初发生浓厚的兴趣，是在第一次读《新月集》的时候。那时离现在将近五年，许地山君坐在我家的客厅里，长发垂到两肩，很神秘地在黄昏的微光中，对我谈到泰戈尔的事。他说：他在缅甸时，看到泰戈尔的画像，又听人讲到他，便买了他的诗集来读。过了几天，我到许地山君的宿舍里去。他说："我拿一本泰戈尔的诗选送给你。"他便到书架上去找那本诗集。我立在窗前，四围静悄悄的，只有水池中喷泉的潺潺的声音。我静静地等候读那本美丽的书。他不久便从书架上取下很小的一本绿纸面的书来。他说："这是一个日本人选的泰戈尔诗，你先拿去看看。泰戈尔不久前曾到过日本。"我坐了车回家，在归程中，借着新月与市灯的微光，约略地把它翻看了一遍。最使我喜欢的是其中所选的几首《新月集》的诗。那一夜，在灯下又看了一次。第二天，地山见我时，问道："你最喜欢哪几首？"我说："《新月集》的几首。"他隔了几天，又拿了一本很美丽的书给我，他说："这就是《新月集》。"从那时起，《新月集》便常在我的书桌上。直到现在，我还时时把它翻开来读。

　　我译《新月集》，也是受地山君的鼓励。有一天，他把他所译的《吉檀迦利》的几首诗给我看，都是用古文译的。我说："译得很好，但似乎太古奥了。"他说："这一类的诗，应该用这个古奥的文体译。至于《新月集》，却又须用新妍流露的文字译。我想译《吉檀迦利》，你为何不译《新月集》呢？"于是我与他约，我们同时动手译这两部书。此后二年中，他的《吉檀迦利》固未译成，我的《新月集》也时译时辍。直至《小说月报》改革后，我才把自己所译的《新月集》在它上面发表了几首。地山译的《吉檀迦利》却始终没有再译下去。已译的几首也始终不肯拿出来发表。后来王独清君译的《新月集》也出版了，我更懒得把自己的译下去。许多朋友却时时催我把这个工作做完。他们都说，王君的译文太不容易懂了，似乎有再译的必要。那时我正有选译泰戈尔诗的计划，便一方面把旧译的稿整理一下，一方面参考了王君的译文，又新译了八九首出来，结果便成了现在的这个译本。原集里还有九首诗，因为我不大喜欢它们，所以没有译出来。

我喜欢《新月集》，如我之喜欢安徒生的童话。安徒生的文字美丽而富有诗趣，他有一种不可测的魔力，能把我们从忙扰的人世间带到美丽和平的花的世界、虫的世界、人鱼的世界里去；能使我们忘了一切艰苦的境遇，随着他走进有静的方池的绿水、有美的挂在黄昏的天空的雨后弧虹等等的天国里去。《新月集》也具有这种不可测的魔力。它把我们从怀疑贪望的成人的世界，带到秀嫩天真的儿童的新月之国里去。我们忙着费时间在计算数字，它却能使我们重又回到坐在泥土里以枯枝断梗为戏的时代；我们忙着入海采珠，掘山寻金，它却能使我们在心里重温着在海滨以贝壳为餐具，以落叶为舟，以绿草的露点为圆珠的儿童的梦。总之，我们只要一翻开它来，便立刻如得到两只有魔术的翼膀，可以使自己从现实的苦闷的境地里飞翔到美静天真的儿童国里去。

有许多人以为《新月集》是一部写给儿童看的书。这是他们受了广告上附注的"儿歌"（Child Poems）二字的暗示的缘故。实际上，《新月集》虽然未尝没有几首儿童可以看得懂的诗歌，而泰戈尔之写这些诗，却决非为儿童而作的。它并不是一部写给儿童读的诗歌集，而是一部叙述儿童心理、儿童生活的最好的诗歌集。这正如俄国许多民众小说家所作的民众小说，并不是为民众而作，而是写民众的生活的作品一样。我们如果认清了这一点，便不会无端地引起什么怀疑与什么争论了。

我对自己的译文很不满意，但它似乎还很忠实，且不至于让人看不懂。

读者的一切指教，我都欢迎地承受。

我最后应该向许地山君表示谢意。他除了鼓励我以外，在这个译本写好时，还曾为我校读了一次。

《列那狐的历史》译序

中世纪的欧洲，出了一部伟大的禽兽史诗，这就是《列那狐的历史》（*Reynard the Fox*）。我读了这部书，觉得异常的可爱，故费了一两月的工夫把它介绍给读者。

关于《列那狐的历史》，学者间的争论颇不少，第一是它的作者问题，第二是它的产生地的问题。关于它的作者，有的主张是由民间传说发展而成的，有的主张是"僧侣诗人"们的创作。关于它的产地，有的主张是德国，有的主张是法国。但不管那许多纷纭莫决的主张，我们现在却有了一种概念。这部《列那狐的历史》原有一个民间传说的来源，这来源是在法国。然在十世纪与十一世纪时，经了"僧侣诗人"与法国"宫廷诗人"的润饰，加上了时代的色彩与讽刺的意味。当时宫廷诗人大约必以此诗与那些古代史诗、骑士传奇，同样的读诵于听者之前，以娱悦他们。到了第十二世纪时，有了一种德文本，又有了拉丁文本。变异的同源作品有数种，后来又有了散文本。到了十八世纪之末，大诗人歌德又著了"Rainecke Fuchs"，在文辞方面，是加上了不少的美漆，然它的原来的朴质可爱的风趣，却丧失了些。

《列那狐的历史》最可爱最特异的一点，便是善于描写禽兽的行动及性格，使之如真的一般；还有它引进了许多古代的寓言，如熊的被骗，紧夹在树缝中；狼的低头看马蹄，被马所踢等等，而能够自由的运用，使之十分的生动，也是极可使我们赞美的。

在歌德所述的"Rainecke Fuchs"里，曾附有大画家 Kaulbach 所绘插图三十余幅，极为有趣。批评者都谓这给本书以新的生命。现在把它们转插于本书中。

为取便于中国的儿童计，此书采用"重述"法。但所删节的地方并不曾多见。另一英译本，删节了三分之二，只叙到第十四节为止。原书的结局是列那狐终于得释，这个英译本，却不欲使狡者得志，竟把他的结果改作列那被处死刑，大快人心了！编译儿童书而处处要顾全"道德"，是要失掉许多文学的趣味的。

《儿童世界》宣言

以前的儿童教育是注入式的教育；只要把种种的死知识、死教训装入他头脑里，就以为满足了。现在我们虽知道以前的不对，虽也想尽力去启发儿童的兴趣，然而小学校里的教育，仍旧不能十分吸引儿童的兴趣，而且这种教育，仍旧是被动的，不是自动的，刻板庄严的教科书，就是儿童的唯一的读物。教师教一课，他们就读一课。儿童自动的读物，实在极少。

我们出版这个《儿童世界》，宗旨就在于弥补这个缺憾。

我们的内容约分十类：

（一）插图：把自然界的动植物的照片，加以说明，使儿童得一点博物学上的知识。

（二）歌谱：现在小学校里的唱歌，都是陈陈相因的，有大部分是儿童们二三年前已跟着他们兄妹唱熟了的。新的教材简直没有产生出来。这也不能怪他们教师们，因为中国会作谱的人实在太少了。我们以后要常常贡献些新的材料给儿童们。对于教师们也许也不无益处。

（三）诗歌童谣：采集各地的歌谣，并翻译或自作诗歌。

（四）故事：包括科学故事、冒险故事及神仙故事。

（五）童话：长篇和短篇的都有。

（六）戏剧：儿童用的剧本，中国还没有发现过。近来各小学校里常有游艺会的举行，他们所用的剧本都是临时自编的，我们想隔二三期登一篇戏剧。大概都是简单的单幕剧，不惟学校里可用，就是家庭里也可行用。

（七）寓言：以翻译的为主。

（八）小说：大概采用《天方夜谭》"Don quixote"及《西游记》等作品。

（九）格言：各国的格言都要采用，并附以解释。

（十）滑稽画：大约每期占两面。

其余杂载、通信、征文等随时加入。

麦克·林东以为儿童文学及其他学问都要：（一）使他适宜于儿童的地方的及其本能的兴趣及爱好。（二）养成并且指导这种兴趣及爱好。（三）唤起儿童已失的兴趣与爱好。（Mac Chritock's Literature in the Elementary School p.17）我们编辑这个杂志，也要极力抱着这三个宗旨不失。

近来有许多人对于儿童文学很有怀疑，以为故事、童话中多荒唐怪异之言，于儿童无益而有害。有几个人并且写信来同我说，童话中多言及皇帝、公主之事，恐与现在生活在共和国里的儿童不相宜。这都是过虑。人类儿童期的心理正是这样，他们所喜欢的正是这种怪诞之言。这不过是儿童期的爱好所在，与将来的心理是没有什么影响的。所以我们用这种材料，一点也不疑虑。

又因为儿童心理与初民心理相类，所以我们在这个杂志里更特别多用各民族的神话与传说。

我们虽然常与儿童接近，但却不曾详细地研究过小学教育，也没有详细地考察过儿童生活，贸贸然来编辑这个杂志，自然是极多缺点。且因印刷方面的关系，就是我们极坚信的理想有时也不能实行出来。这是我们非常抱歉的。

有经验的教师们如有什么见教或投稿，我们都非常欢迎。

我们所常采用的书有：

A.Mackenzie-Indian Myth and Legend, Tentonic Myth and Legend, etc.

Williston-Japanese Fairy Tales.

Merrion-The Dawn of the World.

C.Baker-Stories From Northern Myths.

W.B.Yeats-Irish Fairy Tales and Folk Tales.

Tales From the Field.

The Iogoldsby. Legend.

Grimms-Fairy Tales.

Wilde-Fairy Tales 等……。

"My Magazin""The Youth's Companion"及日本的赤岛童话コトチ等等杂志也多有采用。

但我们的采用是重述，不是翻译，所以有时不免与原文稍有出入。这是因为求合于乡土的兴趣的缘故，读者当不会有所误会，又因为这是儿童杂志的缘故，原著的书名及原著者的姓名也都不大注出。

本志的程度和初小二、三年级及高小一、二年级的程度相当。但幼儿园及家庭也可以用来当作教师的参考书。

《文学旬刊》宣言

我们确信文学的重要与能力。我们以为文学不仅是一个时代，一个地方，或是一个人的反映，并且也是超于时与地与人的；是常常立在时代的前面，为人与地的改造的原动力的。在所有的人们的纪录里，惟有他能曲曲的将人们的思想与感情，悲哀与喜乐，痛苦与愤怒，恋爱与怨憎，轻轻地在最感动最美丽的形式里传达而出；惟有他能有力的使异时异地的人们，深深的受作者的同化，把作者的情感重生在心里：作者笑，也笑；作者哭，也哭；作者飘摇而远思，也飘摇而远思，甚至连作者的一微呻，一蹙颦，也足以使他们也微呻，也蹙颦。

人们的最高精神的连锁，以文学可以实现之。

无论世界上说哪一种语言的人们，他们都有他们自己的文学，也同时有别的人们的最好的文学，就是，同时把自己的文学贡献给别人，同时也把别人的文学介绍来给自己。世界文学的连锁，就是人们的最高精神的连锁了。

我们很惭愧；惟有我们说中国话的人们，与世界的文学界相隔得最窎远；不惟无所与，而且也无所取。因此，不惟我们的最高精神不能使世界上说别种语言的人的了解，而我们也完全不能了解他们。与世界的文学界断绝关系，就是与人们的最高精神断绝关系了。这实在是我们的非常大的羞辱与损失——我们全体的非常大的羞辱与损失！

以前在世界文学界中黯然无色的诸种民族，现在都渐渐的有复兴之望了。爱尔兰、日本、波兰，吐光芒于前；印度、犹太、匈牙利，露刃颖于后。惟有我们中国的人们还是长此酣睡，毫无贡献。我们实是不胜惭愧！

现在虽有一班人努力于创作，努力于介绍，但究竟是非常寂寞而且难闻回响。不要说创作之林，没有永久普遍的表现我们最高精神的作品，就是介绍也是取一漏万，如泰山之一石。

在此寂寞的文学废墟中，我们愿意加入当代作者译者之林，为中国文学的再生而奋斗，一面努力介绍世界文学到中国，一面努力创造中国的文学，以贡献于世界的文学界中。虽然我们自知我们的能力非常薄弱，这个小小的旬刊，也决不能大有助于我们的目的；然而"登高自卑"，悬鹄自不能不远而且大。

总之，我们存在一天，我们总要继续奋斗一天。结果如何，是非我们所顾及的。如能因我们的努力，而中国的文学界能稍有一线的曙光露出，我们虽牺牲一切——全部的心和身——也是不顾恤的！

第 三 辑

山中杂记

——献给家乡的歌

避暑会

到处都张挂着避暑会的通告，在莫干山的岭下及岭脊。我们不晓得避暑会是什么样的组织，并且不知道以何因缘，他们的通告所占的地位和语气，似乎都比当地警察局的告示显得冠冕而且有威权些。他们有一张中文的通告说：

> 今年本山各工匠擅自加价，每天工资较去年增加了一角。本避暑会董事议决，诸工匠此种行动，殊为不合。本年姑且依照他们所增，定为水木各匠，每天发给工资五角。待明年本会大会时再决定办法。此布。
>
> 莫干山避暑会（原文大意）

增加工资的风潮，居然由上海蔓延到乡僻的山中来了，我想。避暑会的力量倒不小，倒可以有权力操纵着全山的政治大权。大约这个会一定是全山的避暑者与警察当局共同组织的，或至少是得到当地政治当局的同意而组织的。后来，遇到了几位在山上有地产，而且年年来避暑的人，如鲍君丁君，我问他们：

"避暑会近来有什么新的设备？"

"我不知道。"

"我们是向来不预闻的。"

这使我更加疑诧了。到底这个"莫干山避暑会"是由谁组织的呢？

"你能把这会的内容告诉我么？我很愿意知道这会里面的事。"有一天，我遇见了一位孙君这样地问他。

"我也不大清楚，都是外国人在那里主办的。"

"没有一个中国人在内么？"

"没有。"

"为什么不加入？"

"我也不晓得，不过听说中国人的避暑者也正想另外组织一个会呢。"

"年年来避暑的，如丁君鲍君他们都连来了二十多年了，怎样没有想到这事？"

"他们正想联络全山的中国避暑者。"

"进行得如何了？什么时候可以成立？"

孙君沉默了一会，似乎怪我多问。

"我也不大仔细知道他们的事。"

几天又过了，我渐渐明白了这避暑会的事业；他们设了一个游泳池，一个很大的网球场，建筑都很好，管理得都很有秩序。还有一个大会堂，为公共的会议厅，为公共的礼拜堂，会堂之旁，另辟了一个图书馆，还有一个幼稚园。每一个星期，大约是在星期五，总有一次音乐合奏会在那里举行。一切事业都举办得很整齐的。

一天，一位美国人上楼来找我们了。他自己介绍说是避暑会派来的，因为去年募款建造大会堂，还欠下一万多块钱的债，要每年向上山避暑的人捐助一点，以便还清。

"你没有到过大会堂么？那边有图书馆，可以去看书借书，还有音乐会，每星期一次，欢迎你们大家都去听。还有幼稚园，儿童们可以去上课。"

我便乘机略问了避暑会的情形。最后，他说，他是沪江大学的教员。见我桌上放了许多书，布了原稿纸在工作，便笑着说："我每天上午也都作工，预备下半年的教材。"

我们写了几块钱的款，他道了谢，便走了。

原来，这个山，自开辟为避暑区域以来，不到四十年，最初来的是一个英国人施牧师，他买了二百多亩地，除留下十分之二三为公地，作球场礼拜堂之用外，其余的都由教友分买了。到了后来，来的人一天一天的多，避暑区域也一天一天的扩大，施牧师虽然死了，而他的工作却有人继续着做去。

他们的人却不多，而且很复杂。据说，全山总计起来，中国避暑者却比他们多得很多。他们的国籍，有美法英德，他们的职业，有教员，有牧师，有商人，有上海工部局里的巡捕头。我们愤怒他们之侵略，厌恶他们之横行与这种不问主人的越俎代谋的举动，然而我们自己则如何！

要眼不见他们的越俎代谋，除非是我们自己出来用力地干去，有条理地干去！

我们一向是太懒惰了，现在是非做事不可了！能做的便是好人，能一同向前走去，为公共而尽力的便是好人，能不因私意而阻挡别人之工作者便是好人！

这个愤谈却禁不住的要发。

三死

日间，工作得很疲倦，天色一黑便去睡了。也不晓得是多少时候了，仿佛在梦中似的，房门外游廊上，忽有许多人的说话声音：

"火真大，在对面的山上呢。"

"听说是一个老头子，八十多岁了，住在那里。"

"看呀，许多人都跑去了。满山都是灯笼的光。"

如秋夜的淅沥的雨点似的，这些话一句句落在耳中。"疲倦"紧紧地把双眼握住，好久好久才能张得开来，匆匆地穿了衣服，开了房门出去。满眼的火光！在对面，在很远的地方，然全山都已照得如同白昼。

"好大的火光！"我惊诧地说。

心南先生的全家都聚在游廊上看，还有几个女佣人，谈话最勇健，她们的消息也最灵通。

"已经熄下去了，刚才才大呢；我在后房睡，连对面墙上都满映着火光，我还当作是很近，吃了一个大惊。"老伯母这样的说。"听说是一间草屋，有一个八十多岁的老头子住在那里，不晓得怎么样了？"她轻柔地叹了一口气。

江妈说道："听说已经死了，真可怜，他已经走不动了，天天有人送饭给他吃，不知今晚为什么会着火？"

"听说是油灯倒翻了。"刘妈插嘴说。

丁丁的清脆的伐竹的声音由对山传出，火光中，人影幢幢的往来。渐渐的有人执着灯笼散回去了。

"火快熄了，警察在斫竹，怕它延烧呢。"

"一个灯笼，两个灯笼，三个灯笼，都走到山下去了，那边还有几个在走着呢。"依真指点地嚷着说。在山中，夜行者非有灯笼不可；我们看不见人，只看见灯光移动，便知道是一个人在走着了。

"到底那老人家死了没有呢，你们去问问看。"老伯母不能安心地说道。

"听说已死了。"几个女佣抢着说。

丁丁的伐竹声渐渐地稀疏了，灯笼的光也不大见了，火光更微弱了下去。

"去睡吧，"这个声音如号令似的，使大家都进了自己的房门。我又闭了眼竭力想续前面的甜甜的睡眠。

几个女佣还在廊前健谈不已，她们很大的语声，如音乐似的，把我催眠着。起初，还很清晰地听见她们的话语，后来，朦胧了，朦胧了如蚊蝇之喧声似的；再后，我便睡着了。

第二天，许多人的唯一谈话资料，便是那个不幸的老翁。

"那老人家是为王家看山的。到山已经有五六十年了，他来时，莫干山还没有外国人呢。"

"他是福建人。二十多岁时，不知道为了什么事，由家乡出来，就住在山上了。一直有六十年没有离开过这里。他可算是这山上最老的人了。"

"听说，他近五六年来，走路不大灵便，都由一个姓杨（？）的家里，送东西给他吃。"

约略的，由几个女佣的口中，知道了这位老翁的生平。下午，楼下的仆人说，老翁昨夜并没有烧死。他见火着了，便跑了出来，后来，因为棉被衣物还没有取出，便又进去了两次去取这些东西，便被火灼伤了，直到今早才死去。

"听说，杨家的太太出了五十块钱，还有别的人也凑齐了一笔款子，为他办理后事。"

"听说，尸身还在那里，没有殓呢。"

"不，下午已经抬下山去了。"

隔了两天，对山火场上树了一个杆子，上面有灯，到了晚上，锣钹木鱼之声很响地敲着，全山都可听见，是为这位老翁做佛事了。

这就是这位六十年来的山中最老的居民的结果。

半个月过去了，老翁的事，大家已经淡忘了。有一天早上，却有几个人运了许多行李到楼下来，女佣们又纷纷地传说，说昨夜又死了两个人。一个是住在山顶某号屋中，只有十七八岁，犯了肺病死的。到山来疗养，还不到两个月。一个是住在下面铁路饭店的，刚来不久，前夜还好好吃着饭，不料昨天便死了。那些行李，是后一个死者的亲属的，他们由上海赶来看他。

不到一刻，死耗便传遍全山了。山上不易得新闻。这些题材乃为众口所宣传，足为好几天的谈话资料。尤其后一个死者，使我们起了一个扰动。

"也许是虎列拉，由上海带来的，死得这样快。他的家属，去看了他后，再住到这里，不怕危险么？"我们这几个人如此的提心吊胆着，再三再四地去质问楼下的孙君。他担保说，决没有危险，且决不是虎列拉病死的。我们还不大放心。下午，死者的家属都来了，他们都穿着白鞋。据说，一个是死者的母亲，一个是死者的妻，两个是死者的妾，还加几个小孩，是死者的子女，其余的便是他的丧事经理者。他是犯肺病死了的，在山上已经两个多月了，他的钱不少，据说，是在一个什么银行办事的人。

死者的妻和母，不时地哭着，却不敢大声地哭，因为在旅舍中。据女佣们说，曾有几次，死者的母亲，实在忍不住了，只好跑到山旁的石级上，坐在那里大哭。

第三天，这些人又动身回家了。绝早的，便听见楼下有凄幽的哭泣，只是不敢纵声大哭。太阳在满山照着，许多人都到后面的廊上，倚在红栏杆，看他们上轿。女佣们轻轻地指点说，这是他的大妻，这是他的母亲，这是他的第一妾，第二妾。他们上了山，一转折便为山岩所蔽，不见了。大家也都各去做事。

第二天还说着他们的事。

隔了几天，大家又浑忘了他们。

月夜之话

是在山中的第三夜了。月色是皎洁无比，看着她渐渐地由东方升了起来。蝉声叽——叽——叽——地漫长的叫着，岭下涧水潺潺的流声，隐略的可以听见，此外，便什么声音都没有了。月如银的圆盘般大，静定地挂在晚天中，星没有几颗，疏朗朗地间缀于蓝天中，如美人身上披着蓝天鹅绒的晚衣，缀了几颗不规则的宝石。大家都把自己的摇椅移到东廊上坐着。

初升的月，如水银似的白，把她的光笼罩在一切的东西上；柱影与人影，粗黑的向西边的地上倒映着。山呀，田地呀，树林呀，对面的许多所的屋呀，都朦朦胧胧的不大看得清楚，正如我们初从倦眠中醒了来，睁开了眼去看四周的东西，还如在渺茫梦境中似的；又如把这些东西都幕上了一层轻巧细密的冰纱，它们在纱外望着，只能隐约地看见它们的轮廓；又如春雨连朝，天色昏暗，极细极细的雨丝，随风飘拂着，我们立在红楼上，由这些蒙雨织成的帘中向外望着。那么样的静美，那么样柔秀的融合的情调，真非身临其境的人不能说得出的。

"那么好的月呀！"擘黄先生赞赏似的叹美着。

同浴于这个明明的月光中的，还有梦旦先生和心南先生。静悄悄的，各人都随意地躺在他的摇椅上，各自在默想他的崇高的思绪。也不知道有多少秒，多少分，多少刻的时间是过去了，红栏杆外是月光，蝉声与溪声，红栏杆内是月光照浴着的几个静思的人。

　　月光光，
　　照河塘，

骑竹马，

过横塘。

横塘水深不得过，

娘子牵船来接郎。

问郎长，问郎短，

问郎此去何时返。

心南先生的女公子依真跳跃着由西边跑了过来，嘴里这样地唱着。那清脆的歌声漫溢于朦胧的空中，如一塘静水中起了一个水涹似的，立刻一圈一圈地扩大到全个塘面。

"这是各处都有的儿歌，辜鸿铭曾选入他的《幼学弦歌》中。"梦旦先生说。他真是一个健谈的人，又恳挚，又多见闻，凡是听过他的话的人，总不肯半途走了开去。

"福州还有一首大家都知道的民歌，也是以月为背景的，真是不坏。"梦旦先生接着说；于是他便背诵出了这一首歌。

原文：

共哥相约月出来，

怎样月出哥未来？

没是奴家月出早？

没是哥家月出迟？

不论月出早与迟，

恐怕我哥未肯来。

当日我哥未娶嫂，

三十无月哥也来。

译文：

与他相约月出来，
怎么月出了他还未来？
莫不是我家月出得早？
莫不是他家月出得迟？
不论月出早与迟，
只怕他是不肯来了吧！
当日他没有娶妻时，
没有月的三十夜也还来呢。

这首歌的又真挚又曲折的情绪，立刻把大家捉住了。像那么好的情歌，真不多见。

"我真想把它抄录了下来呢！"我说。于是梦旦先生又逐句地背念了一遍，我便录了下来。

"大约是又成了《山中通信》的资料吧，"擘黄先生笑着说道，他今天刚看见我写着《山中通信》。

"也许是的，但这样的好词，不写了下来，未免太可惜了。"

"我也有一个，索性你再写了吧。"擘黄说。

我端正了笔等着他。

七月七夕鹊填桥，
牛郎织女渡天河。
人人都说神仙好，
一年一度算什么！

"最后一句真好，凡是咏七夕的诗，恐怕不见得有那样透彻的口气吧。可见民歌好的不少，只在自己去搜集而已。"擘黄说。

大家的话匣子一开，沉静的气氛立刻打破了，每个人都高高兴兴地谈着唱着，浑忘了皎洁月光与其他一切。月已升得很高，倒向西边的柱影，已渐渐地短了。

梦旦先生道："还有一首歌，你们听人说过没有？"

"采蘋你去问秋英，
怎么姑爷跌满身？"
"他说：相公家里回，
也无火把也无灯。"

"既无火把也要灯！
他说相公家里回，
怎么姑爷跌满身？
采蘋你去问秋英！"

"是的，听见过的，"擘黄说，"但其层次与说话之语气颇不易分得出明白。"

"大约是小姐见姑爷夜间回来，跌了一身的泥，不由得起了疑心，便叫丫头采蘋去问跟班秋英。采蘋回到小姐那里，转述秋英的话，相公之所以跌得一身泥者，因由家里回来，夜色黑漆漆的，又无火把又无灯笼也。第二首完全是小姐的话，她的疑心还未释，相公既由家回，如无火把也要有灯，怎么会跌得一身泥？于是再叫采蘋去问秋英。虽然是如连环诗似的二首，前后的意思却很不同。每个人的口气也都逼真的像。"梦旦先生说。

经了这样一解释，这首诗，真的也成了一首名作了。

真鸟仔，
啄瓦檐，
奴哥无"母"这数年。

看见街上人讨"母"

奴哥目泪挂目檐。

有的有，没的没，

有人老婆连小婆！

只愿天下作大水，

流来流去齐齐没。

这一首也是这一夜采得的好诗，但恐非"非福州人"所能了解。所谓"真鸟仔"者，即小麻雀也。"母"者，即女子也，即所谓公母之"母"是也。"奴哥"者，擘黄以为是他人称他的，我则以为是自称的口气。兹译之如下：

小小的麻雀儿，

在瓦檐前啄着，啄着，

我是这许多年还没有妻呀！

看见街上人家闹洋洋地娶亲，

我不由得双泪挂眼边。

有的有，没有的没有，

有的人，有了妻，却还要小老婆。

但愿天下起了大水，

流来流去，使大家一齐都没有。

这个译文，意思未见得错，音调的美却完全没有了。所以要保存民歌的绝对的美，似非用方言写出来不可。

这一夜，是在山上说得最舒畅的一夜，直到大家都微微地呵欠着，方才散了，各进房门去睡。第二夜，月光也不坏。我却忙着写稿子；再一夜，天色却不佳，梦旦先生和擘黄又忙着收拾行囊，预备第二天一早下山。像这样舒畅的夜谈，却终于只有这一夜，这一夜呀！

山中的历日

"山中无历日"，这是一句古话，然而我在山中却把历日记得很清楚。我向来不记日记，但在山上却有一本日记，每日都有二三行的东西写在上面。自七月二十三日，第一日在山上醒来时起，直到了最后的一日早晨，即八月二十一日，下山时止，无一日不记。恰恰的在山上三十日，不多也不少，预定的要做的工作，在这三十日之内，也差不多都已做完。

当我离开上海时，一个朋友问我："什么时候可以回来？"

"一个月，"我答道。真的，不多也不少，恰是一个月。有一天，一个朋友写信来问我道："你一天的生活如何呢？我们只见你一天一卷的原稿寄到上海来，没有一个人不惊诧而且佩服的。上海是那样的热呀，我们一行字也不能写呢。"

我正要把我的山上生活告诉他们呢。

在我的二十几年的生活中，没有像如今的守着有规则的生活，也没有像如今的那么努力地工作着的。

第一晚，当我到了山时，已经不早了，滴翠轩一点灯火也没有。我向心南先生道："怎么黑漆漆的不点灯？"

"在山上，我们已成了习惯，天色一亮就起来，天色一黑就去睡，我起初也不惯，现在却惯了。到了那时，自然而然地会起来，自然而然地会去睡。今夜，因为同家母谈话，睡得迟些，不然，这时早已入梦了。家中人，除了我们二人外，他们都早已熟睡了。"心南先生说。

我有些惊诧，却不大相信。更不相信在上海起迟眠迟的我，会服从了这个山中的习惯。

然而到了第二天绝早，心南先生却照常地起身。我这一夜是和他暂时一房同睡的，也不由得不起来，不由得地不跟了他一同起身。"还早呢，还只有六点钟。"我看了表说。

"已经是太晚了。"他说，果然，廊前太阳光已经照得满墙满地了。

这是第一次，我倚了绿色的栏杆——后来改漆为红色的，却更有些诗意了——去看山景。没有奇石，也没有悬岩，全山都是碧绿色的竹林和红瓦黑瓦的洋房子。山形是太平衍了。然而向东望去，却可看见山下的原野。一座一座的小山，都在我们的足下，一畦一畦的绿田，也都在我们的足下。几缕的炊烟，由田间升起，在空中袅袅地飘着，我们知道那里是有几家农户了，虽然看不见他们。空中是停着几片的浮云。太阳照在上面，那云影倒映在山峰间，明显地可以看见。

"也还不坏呢，这山的景色。"我说。

"在起了云时，漫山的都是云，有的在楼前，有的在足下，有时浑不见对面的东西，有时，诸山只露出峰尖，如在海中的孤岛，这简直可称为云海，那才有趣呢。我到了山时，只见了两次这样的奇影。"心南先生说。

这一天真是忙碌，下山到了铁路饭店，去接梦旦先生他们上山来。下午，又东跑跑，西跑跑。太阳把山径晒得滚热的，它又张了大眼向下望着，头上是好像一把火的伞。只好在邻近竹径中走走就回来了。

在山上，雨是不预约就要落下来的，看它天气还好好的，一瞬眼间，却已乌云蔽了楼檐，沙沙的一阵大雨来了。不久，眼望着这块大乌云向东驶去。东边的山与田野却现出阴郁的样子，这里却又是太阳光满满地照着了。

"伞在山上倒是必要的；晴天可以挡太阳，下雨的时候可以挡雨。"我说。

这一阵雨过去后，天气是凉爽得多了，我便又独自由竹林间的一条小山径，寻路到瀑布去。山径还不湿滑，因为一则沿路都是枯落的竹叶躺着，二则泥土太干，雨又下得不久。山径不算不峻峭，却异常的好走。足踏在干竹叶上，柔柔的如履铺了棉花的地板，手攀着密集的竹干，一干一干地递扶着，如扶着栏杆，任怎么峻峭的路，都不会有倾跌的危险。

莫干山有两个瀑布，一个是在这边山下，一个是碧坞。碧坞太远了，听说路也很险。走过去，要经过一条只有一尺多阔的栈道，一面是绝壁，一面是十余丈深的山溪，轿子是不能走过的，只好把轿子中途弃了，两个轿夫牵着游客的双手，一前一后地把他送过去。去年，有几个朋友到那里去游，却只有几个最勇敢的这样地走了过去，还有几个却终于与轿子一同停留在栈道的这边，不敢过去了。这边的山下瀑布，路途却较为好走，又没有碧坞那么远，所以我便渴于要先去看看——虽然他们都要休息一下，不大高兴走。

瀑布的气势是那么样的伟大，瀑布的景色是那么样的壮美；那么多的清泉，由高山石上，倾倒而下，水声如雷似的，水珠溅得远远的，只要闭眼一想象，便知它是如何的可迷人呀！我少时曾和数十个同学们一同旅行到南雁荡山。那边的瀑布真不少，也真不小。老远的老远的，便看见一道道的白练布由山顶挂了下来。却总是没有走到。经过了柔湿的田道，经过了繁盛的村庄，爬上了几层的山，方才到了小龙湫。那时是初春，还穿着棉衣。长途的跋涉，使我们都气喘汗流。但到了瀑布之下，立在一块远隔丈余的石上时，细细的水珠却溅得你满脸满身都是，阴凉的，阴凉的，立刻使你一点的热感都没有了；虽穿了棉衣，还觉得冷呢。面前是万斛的清泉，不休地只向下倾注，那景色是无比的美好，那清而弘大的水声，也是无比的美好。这使我到如今还纪念着，这使我格外的喜爱瀑布与有瀑布的山。十余年来，总在北京与上海两处徘徊着，不仅没有见什么大瀑布，便连山的影子也不大看得见。这一次之到莫干山，小半的原因，因为那山那有瀑布。

山径不大好走，时而石级，时而泥径，有时，且要在荒草中去寻路。亏得一路上溪声潺潺的。沿了这溪走，我想总不会走得错的。后来，终于是走到了。但那水声并不大，立近了，那水珠也不会飞溅到脸上身上来。高虽有二丈多高，阔却只有两个人身的阔。那么样萎靡的瀑布，真使我有些失望。然而这总算是瀑布，万山静悄悄的，连鸟声也没有，只有几张照相的色纸，落在地上，表示曾有人来过。在这瀑布下流连了一会，脱了衣服，洗了一个身，灌了一会足，便仍旧穿便衣，与它告别了。却并不怎么样的惜别。

刚从林径中上来，便看见他们正在门口，打算到外面走走。

"你去不去？"擘黄问我。

"到哪里去？"我问道。

"随便走走。"

我还有余力，便跟了他们同去。经过了游泳池，个个人喧笑地在那里泅水，大都是碧眼黄发的人，他们是最会享用这种公共场所的。池旁，列了许多座位，预备给看的人坐，看的人真也不少。沿着这条山径，到了新会堂，图书馆和幼稚园都在那里。一大群的人正从那里散出，也大都是碧眼黄发的人。沿着山边的一条路走去，便是球场了。球场的规模并不小，难得在山边会辟出这么大的一个地方。场边有许多石级凸出，预备给人坐，那边贴了不少布告，有一张说："如果山岩崩坏了，发生了什么意外之事，避暑会是不负责的。"我们看那山边，围了不少层的围墙。很坚固，很坚固，哪里会有什么崩坏的事。然而他们却要预防着。在快活地打着球的，也都是碧眼黄发的人。

梦旦先生他们坐在亭上看打球，我们却上了山脊。在这山脊上缓缓地走着，太阳已将西沉，把那无力地金光亲切的抚摩我们的脸。并不大的凉风，吹拂在我们的身上，有种说不出的舒适之感。我们在那里，望见了塔山。

心南先生说："那是塔山，有一个亭子的，算是莫干山最高的山了。"望过去很远，很远。

晚上，风很大。半夜醒来，只听见廊外虎虎的啸号着，仿佛整座楼房连基底都要为它所摇撼。

山中的风常是这样的。

这是在山中的第一天。第二天也没有做事。到了第三天，却清早的起来，六点钟时，便动手做工。八时吃早餐，看报，看来信，邮差正在那时来。九时再做，直到十二时。下午，又开始写东西，直到四时。那时，却要出门到山上走走了。却只在近处，并不到远处去。天未黑便吃了饭。随意闲谈着。到了八时，却各自进了房。有时还看看书，有时却即去睡了。一个月来，几乎天天是如此。

下午四时后，如不出去游山，便是最好的看书时间了。

山中的历日便是如此，我从来没有过着这样的有规则的生活过！

塔山公园

由滴翠轩到了对面网球场，立在上头的山脊上，才可以看到塔山；远远的，远远的，见到一个亭子立在一个最高峰上，那就是所谓塔山公园了。到山的第三天的清早，我问大家道："到塔山去好吗？"

朝阳柔黄的满山照着，鸟声细碎的喞啾着，正是温凉适宜的时候，正是游山最好的时候。

大家都高兴去走走，但梦旦先生说，不一定要走到塔山，恐怕太远，也许要走不动。

缓缓地由林径中上了山；仿佛只有几步可以到顶上了，走到那处，上面却还有不少路，再走了一段，以为这次是到了，却还有不少路。如此的，"希望"在前引导着，我们终于到山脊。然后，缓缓地，沿山脊而走去。这山脊是全个避暑区域中最好的地方。两旁都是建造得式样不同的石屋或木屋，中间一条平坦的石路，随了山势而高起或低下。空地不少，却不像山下的一样，粗粗的种了几百株竹，它们却是以绿绿的细草铺盖在地上，这里那里地置了几块大石当作椅子，还有不少挺秀的美花奇草，杂植于平铺的绿草毡上。我们在那里，见到了优越的人为淘汰的结果。

一家一家的楼房构造不同，一家一家的园花庭草，亦布置得不同。在这山脊上走着，简直是参观了不少的名园。时时地，可于屋角的空隙见到远远的山峦，见到远远的白云与绿野。

走到这山脊的终点，又要爬高了，但梦旦先生有些疲倦了，便坐在一块界石上休息，没有再向前走的意思。

大家围着这个中途的界石而立着，有的坐在石阶上。静悄悄的还没有一个别的人，只有早起的乡民，满头是汗的挑了赶早市的东西经过这里，送牛奶面包的人也有几个经过。

大家极高兴地在那里谈天说地，浑忘了到塔山去的目的。太阳渐渐地高了，热了，心南看了手表道：

"已经九点多了。快回去吃早餐吧。"

大家都立了起来，拍拍背后的衣服。拍去坐在石上所沾着的尘土，而上了归途。

下午，我的工作完了，便向大家道："现在到塔山去不去呢？"

"好的，"擘黄道，"只怕高先生不能走远道。"

高先生道："我不去，你们去好了。我要在房里微睡一下。"

于是我和心南、擘黄同去了。

到塔山去的路是很平坦的。由山后的一条很宽的泥路走去，后面的一带风景全可看到。山石时时有人在丁丁的伐采，可见近来建造别墅的人一天天的多了，连山后也已有了几家住户。

塔山公园的区域，并不很广大，都是童山，杂植着极小极小的竹树，只有膝盖的一半高。还有不少杂草，大树木却一株也没有。将到亭时，山势很高峭，两面石碑，立在大门的左右，是叙这个公园的缘起，碑字已为风雨所侵而模糊不清，后面所署的年月，却是宣统二年（？）。据说，近几年来，亭已全圮，最近才有一个什么督办，来山避暑，提倡重修。现在正在动工。到了亭上，果有不少工匠在那里工作，木料灰石，堆置得凌乱不堪。亭是很小的，四周的空地也不大，却放了四组的水门汀建造的椅桌，每组二椅一桌，以备游人野餐之用。亭的中央，突然的隆起了一块水门汀建的高丘，活像西湖西泠桥畔重建的小青墓。也许这也是当桌子用的，因为四周也是水门汀建的亭栏，可以给人坐。

再没有比这个亭更粗陋而不谐和的建筑物了，一点式样也没有，不知是什么东西，亭不像亭，塔不像塔，中不是中，西不是西，又不是中西的合璧，单直可以说是一无美感，一无知识者所设计的亭子。如果给工匠们自己随意去设计，也许比这样的式子更会好些。

所谓公园者，所谓亭子者不过如此！然而这是我们中国人在莫干山所建筑的唯一的公共场所。

亏得地势占得还不坏。立在亭畔，四面可眺望得很远。莫干山的诸峰，在此一一可以指点得出来，山下一畦一畦的田，如绿的绣毡一样，一层一层，由高而低，非常的有秩序。足下的冈峦，或起或伏，或趋或耸，历历可指，有如在看一幅地势实型图。

太阳已经渐渐地向西沉下，我们当风而立，略略的有些寒意。

那边有乌云起了，山与田都为一层阴影所蔽，隐隐的似闻见一阵一阵的细密的雨声。

"雨也许要移到这边来了，我们走吧。"

这是第一次到塔山。

第二次去是在一个绝早的早晨，人是独自一个。

在山上，我们几乎天天看太阳由东方出来。倚在滴翠轩廊前的红栏杆上，向东望着，我们便可以看到一道强光四射的金线，四面都是斑斓的彩云托着，在那最远的东方。渐渐的，云渐融消了，血红的血红的太阳露出了一角，而楼前便有了太阳光。不到一刻，而朝阳已全个的出现于地平线上了，比平常大，比平常红，却是柔和的，新鲜的，不刺目的。对着了这个朝阳而深深地呼吸着，真要觉得生命是在进展，真要觉得活力是已重生。满腔的朝气，满腔的希望，满腔的愉意，满腔的跃跃欲试的工作力！

怪不得晨鸟是要那样地对着朝阳婉转地歌唱着。

常常的在廊前这样地看日出。常常的移了椅子在阳光中，全个身子都浸没在它的新光中。

也许到塔山那个最高峰去看日出，更要好呢。泰山之观日出不是一个最动人的景色么？

一天，绝早，天色还黑着，我便起身，胡乱地洗漱了一下立刻起程到塔山。天刚刚有些亮，可以看见路。半个行人也没有遇见。一路上急急地走着，屡次地回头看，看太阳已否升起。山后却是阴沉沉的。到了登上了塔山公园的长而多级的石级时，才看见山头已有金黄色，东方是已经亮晶晶的了。

风虎虎地吹着，似乎要从背后把你推送上山去。愈走得高风愈大，真有些觉得冷慄，虽然是在六月，且穿上了夹衣。

飞快地飞快地上山，到了绝顶时，立刻转身向东望着，太阳却已经出来了，圆圆的血红的一个，与在廊前所见的一模一样，眼界并不见得因更高而有所不同。

在金黄的柔光中浸溶了许久许久才回去，到家还不过八时。

第三次，又到了塔山，是和心南先生全家去的，居然用到了水门汀的椅桌，举行了一次野餐会。离第一次到时，只有半个月，这里仿佛因工程已竣之故，到的人突多起来。空地上垃圾很不少，也无人去扫除。每个人下山时都带了不少只苍蝇在衣上帽上回去。沿路费了不少驱逐的工夫。

蝉与纺织娘

你如果有福气独自坐在窗内，静悄悄的没一个人来打扰你，一点钟，两点钟的过去，嘴里衔着一支烟，躺在沙发上慢慢地喷着烟云，看它一白圈一白圈地升上，那么在这静境之内，你便可以听到那墙角阶前的鸣虫的奏乐。

那鸣虫的作响，真不是凡响；如果你曾听见过曼杜令的低奏，你曾听见过一支洞箫在月下湖上独吹着；你曾听见过红楼的重幔中透漏出的弦管声，你曾听见过流水淙淙的由溪石间流过，或你曾倚在山阁上听着飒飒的松风在足下拂过，那么，你便可以把那如何清幽的鸣虫之叫声想象到一二了。

虫之乐队，因季候的关系而颇有不同，夏天与秋令的虫声便是截然的两样。蝉之声是高旷的，享乐的，带着自己满足之意的；它高高地栖在梧桐树或竹枝上，迎风而唱，那是生之歌，生之盛年之歌，那是结婚曲，那是中世纪武士美人的大宴时的行吟诗人之歌。无论听了那叽——叽——的漫长声，或叽格——叽格——的较短声，都可同样地受到一种轻快的美感。秋虫的鸣声最复杂。但无论纺织娘的咭嘎，蟋蟀的唧唧，金铃子之叮令，还有无数无数不可名状的秋虫之鸣声，其音调之凄抑却都是一样的；它们唱的是秋之歌，是暮年之歌，是薤露之曲。它们的歌声，是如秋风之扫落叶，怨妇之奏琵琶。孤峭而幽奇，清远而凄迷，低回而愁肠百结。你如果是一个孤客，独宿于荒郊逆旅，一盏荧荧的油灯，对着一张板床，一张木桌，一二张硬板凳，再一听见四壁唧唧知知的虫声间作，那你今夜便不用再想稳稳地安睡了，什么愁情，乡思，以及人生之悲感，都会一串一串地从根儿勾引起来，在你心上翻来覆去，如白老鼠在戏笼中走轮盘一般，一上去便不用想下来憩息。如果你不是一个客人，你有家庭，你有很好的太太，你并没有什么闲愁胡想，那么，在你太太已睡之后，你想在书房中静静地写些东西时，这唧唧的秋虫之声却也会无端地窜入你的心里，翻掘起你向不曾有过的一种凄感呢。如果那一夜是一个月夜，天井里统是银白色，枯秃的树影，一根一条的很清朗地印在地上，那么你的感触将更深了。那也许就是所谓悲秋。

秋虫之声，大都在蝉之夏曲已告终之后出现，那正与气候之寒暖相应。但我却有一次奇异的经验；在无数的纺织娘之鸣声已来了之后，却又听得满耳的蝉声。我想我们的读者中有这种经验的人是必不多的。

我在山中，每天听见的只有蝉声，鸟声还比不上。那时天气是很热，即在山上，也觉得并不凉爽。正午的时候，躺在廊前的藤榻上，要求一点的凉风，却见满山的竹树梢头，一动也不动，看看足底下的花草，也都静静地站着，如老僧入了定似的。风扇之类既得不到，只好不断地用手巾来拭汗，不断地在摇挥那纸扇了。在这时候，往往有几缕的蝉声在槛外鸣奏着。闭了目，静静地听了它们在忽高忽低，忽断忽续，此唱彼和，仿佛是一大阵绝清幽的乐阵在那里奏着绝清幽的曲子，炎热似乎也减少了，然后，矇眬地矇眬地睡去了，什么都不觉得。良久，良久，清梦醒来时，却又是满耳的蝉声。山中的蝉真多！绝早的清晨，老妈子们和小孩子们常去抱着竹干乱摇一阵，而一只二只的蝉便要跟随了朝露而落到地上了。第一个早晨，在我们滴翠轩的左近，至少是百只以上之蝉是这样的被捉。但蝉声却并不减少。

常常的，一只蝉两只蝉，叽的一声，飞入房内，如平时我们所见的青油虫及灯蛾之飞入一样。这也是必定被人所捉的。有一天，见有什么东西在槛外倒水的铅斗中咯笃咯笃的作响，俯身到槛外一看，却又是一只蝉，这当然又是一个俘虏了。还有好几次，在山脊上走时，忽见矮林丛中有什么东西在动，拨开林丛一看，却也是一只蝉。它是被竹枝竹叶挡阻住了不能飞去。我把它拾在手中。同行的心南先生说："这有什么稀奇，放走了它吧，要多少还怕没有！"我便顺手把它向风中一送，它悠悠扬扬地飞去很远很远，渐渐地不见了。我想不到这只蝉就在刚才是地上拾了来的那一只！

初到时，颇想把它们捉几个寄到上海去送送人。有一次，便托了老妈子去捉。她在第二天一早，果然捉了五六只来放在一个大香烟纸盒中，不料给依真一见，她却吵着，带强迫的要去。我又托那个老妈子去捉。第二天，又捉了四五只来。依真的纸盒中却只剩下两只活的，其余的都死了。到了晚上，我的几只，也死了一半。因此，寄到上海的计划遂根本的打消了。从此以后，便也不再托人去捉，自己偶然捉来的，也都随手地放去了。那样不经久的东西，留下了它干什么用！不过孩子们却还热心地去捉。依真每天要捉至少三只以上用细绳子缚在铁杆上。有一次，曾有一只蝉居然带了红绳子逃去了；很长的一根红绳子，拖在它后面，在风中飘荡着，很有趣味。

半个月过去了；有的时候，似乎蝉声略少，第二天却又多了起来。虽然是叽——叽——地不息地鸣着，却并不觉喧扰；所以大家都不讨厌它们。我却特别地爱听它们的歌唱，那样的高旷清远的调子，在什么音乐会中可以听得到！所以我每以蝉声将绝为虑，时时地干涉孩子们的捕捉。

到了一夜，狂风大作，雨点如从水龙头上喷出似的，向槛内廊上倾倒。第二天还不放晴。再过一天，晴了，天气却很凉，蝉声乃不再听见了！全山上在鸣唱着的却换了一种咭嘎——咭嘎——的急促而凄楚的调子，那是纺织娘。

"秋天到了。"我这样地说着，颇动了归心。

再一天，纺织娘还是咭嘎咭嘎地唱着。

然而，第三天早晨，当太阳晒得满山时，蝉声却又听见了！且很不少。我初听不信；叽——叽——叽格——叽格——那确是蝉声！纺织娘之声却又潜踪了。

蝉回来了，跟它回来的是炎夏。从箱中取出的棉衣又复放入箱中。下山之计遂又打消了。

谁曾于听了纺织娘歌声之后再听见蝉的夏曲呢？这是我的一个有趣的经验。

苦鸦子

乌鸦是那么黑丑的鸟，一到傍晚，便成群结阵的飞于空中，或三两只栖于树下，苦呀！苦呀地叫着，更使人起了一种厌恶的情绪。虽然中国许多抒情诗的文句，每每地把鸦美化了。如"寒鸦数点""暮鸦栖未定"之类，读来未尝不觉其美，等到一听见其声，思想的美感却完全消失了，心上所有的只是厌恶。

在山中也与在城市中一样，免不了鸦的打扰。太阳的淡金色光线，弱了，柔和了，暮霭渐渐的朦胧的如轻纱似的幔罩于冈峦之腰，田野之上，西方是血红的一个大圆盘悬在地平上，四边是金彩斑斓的云霞，点染在半天；工作之后，躺在藤榻上，有意无意地领略着这晚霞天气的图画。经过了这样静谧的生活的，准保他一辈子不会忘了，至少是要在城市的狭室中不时想起的。不幸这恬静可爱的山中的黄昏，却往往为苦呀！苦呀的鸦声所乱。

有一天，晚餐吃得特别的早；几个老婆子趁着太阳光未下山，把厨房中盆碗等物都收拾好了，便也上楼靠在红栏杆上闲谈。

"苦呀！苦呀！"几中乌鸦栖在对面一株大树上，正朝着我们此唱彼和地歌叫着。

"苦鸦子！我们乡下人总说她是嫂嫂变的。"汤妈说。

江妈接着道："我们那里也有这话。婆婆很凶，姑娘又会挑嘴，弄得嫂嫂常常受婆婆的气，还常常地打她，男人又一年间没有几时在家。有一次，她把米饭从后门给了些叫花的；她姑娘看见了，马上去告诉她的娘。还挑拨地说：'嫂嫂常常把饭给人家。'于是婆婆生了大气，用后门的门闩，没头没脑地打了她一顿，她浑身是伤。气不过，就去投河。却为邻居看见了救起，把她湿淋淋地送回家。她婆婆姑娘还骂她假死吓诈人。当夜，她又用衣带把自己吊死在床前了。过了几个月，她男人回家，他的娘却淡淡地说，她得病死了。但她的灵魂却变了乌鸦，天天在屋前树上苦呀！苦呀地叫着。"

"做人家媳妇实在不容易。"江妈接着说，"像我们那里媳妇吃苦的真不少！"

汤妈说："可不是！前半年的少爷家里用的叶妈还不是苦到无处说！一天到晚打水，烧饭，劈柴，种田，摘豆子。她婆婆还常常地叽哩咕噜骂她。碰到丈夫好些的，也还好，有地方说说。她的丈夫却又是牛脾气，好赌。输了，总拿她来出气，打得呀，浑身是伤！有一次，她给我看，一身的青肿，半个月一个月还不会退。好容易来帮人家，虽然劳碌些，比在家里总算是好得多了。一月三块半工钱，一个也不能少，都要寄回家。她丈夫还时时来找她要钱！她说起来常哭！上一次，她不是辞了回家么？那是她丈夫为了赌钱的事，被人家打伤了，一定要她回去服侍。这一向都没有信来，问她乡里人也不知道。这一半年总不见得会出来了。"

江妈道："汤奶奶你是好福气！说是童养媳，婆婆待你比自己的女儿还好。男人又肯干，家里积的钱不少了，去年不是又买了几亩田么？你真可以回去享福了，汤奶奶！"

"哪里的话！我们哪里说得上享福两个字！我们的婆婆待我可真不差，比自己的姆妈还好！"

这时，一声不响的刘妈插嘴道："汤奶奶待她婆婆也真是好；自己的娘病，还不大挂心，听说她婆婆有什么难过，就一定要回去看看的了！上次她婆婆还托人带了大棉袄给她，真是疼她！"

汤妈指着刘妈向江妈道："她真可怜！人是真好，只可惜有些太老实，常给人欺负。她出来帮人家也是没法的。她家里不是少吃的，穿的，只是她婆婆太厉害了，不是打，就是骂，没有一天有好日子过。自从她男人死了，婆婆更恨她入骨，说她是克夫。她到外边来，赛如在天堂上！"

刘妈一声不响地听着她在谈自己的身世。栏杆外面乌鸦还是一声苦呀！

苦呀在叫着，夜色已经成了深灰色了。

"刘妈，天黑了，怎么还不点灯？天天做的事都会忘了么！"她主妇的声音，严厉的由后房传出。

"噢，来了。"刘妈连忙地答应，慌慌张张地到后面去了。

"真作孽，像她这样的人，到处要给人欺负。"江妈说。"还好她是个呆子，看她一天到晚总是嘻嘻的笑脸。"

"不，"汤妈说，"别看她呆头呆脑的；她和我谈起来，时时地落泪呢。有一次，给她主妇大骂了一顿以后，她便跑到自己房里痛哭。到了夜里，我睡时，还听见她在呜咽的抽气！"

想不到刘妈是这样的一个人，自到山中来后，我们每以她为乐天的痴呆人，往往的拿她来取笑，她也从没有发怒过，谁晓得她原是这样的一个"苦鸦子"！

这时，黑夜已经笼罩了一切。江妈说："我也要去点灯了。"

"苦呀，苦呀！"的乌鸦已经静止，大约它们是栖定在巢中了。

不速之客

这里离上海虽然不过一天的路程，但我们却以为上海是远了，很远了；每日不再听见隆隆的机器声，不再有一堆一堆的稿子待阅，不再有一束一束来往的信件。这里有的是白云，是竹林，是青山，如果镇日地靠在红栏杆上，看看山，看看田野，看看书，那么，便可以完全与外面的世界隔绝。偶然地听着鸟声嗽格嗽格的啭着，或一只两只小鸟，如疾矢似的飞过槛外，或三五丛蝉声漫长的和唱着，却更足以显出山中的静谧与心中的静谧来。

然而我们每天却有两次或三次是要与上海及外面世界接触的；一次便是早晨八时左右邮差的降临，那是照例总有几封信及一束日报递来的。如果今天邮差迟了一点来，或没有信件，我们心里便有些不安逸。

"我有信没有？"一见绿衣人的急步噔噔噔地上了楼，便这样地问；有时在路上遇见了，那时时间是更早，也便以这同样的问题问他。

他跑得满头是汗，从邮袋中取了信件日报出来，便又匆匆地转身下楼了。我到了山中不到三天，已与这个邮差熟悉。因为每次送这一带地方邮件的总是他。据他说，今年上山的人不到三百。因为熟悉了，在中途向他要信时，他当然不会不给的。

再一次是下午一时左右；那时带了外面的消息来的，又是邮差，且又是同样的那一个邮差；不过这一次是靠不住的，有时来，有时不来。

最后一次是夜间九十时左右，那时是上海或杭州的旅客由山下坐了轿子来的时候。因为滴翠轩的一部分是旅馆，所以常常有旅客来。我的房间隔壁，有两间空房，后面也有一间，这几个房间的住客是常常更换的。有时是官僚，有时是军人，有时是教育家，有时是学生，——我还曾在茶房扫除房间时，见到一封住客弃掉的诉说大学生生活的苦闷的信——有时是商人，有时是单身，有时是带了女眷。虽然我是不大同他们攀谈的，但见了他们的各式各样的脸，各式各样的举动，也颇有趣。不过他们来时，往往我们已经睡了。第二天一清晨，便听见老妈子们纷纷传说来的是什么样的人。有时，坐谈得迟了，便也看见他们上山。大约每一二夜总有一批人来。一见轿夫挑夫的喧语，呼唤茶房的声音，楼梯上杂乱匆促的足步声，便知山客是又多了几个了。有时，坐在廊前，也看见对山有灯火荧荧的移动。老妈子们便道："又有人上山了。"刘妈道："一个，两个，还有一个，妈妈呀，轿子多着呢！今天来的人真不少呀！"这些人当然不是到滴翠轩来的，因为到滴翠轩是走老路近，而对山却是新路，轿夫们向来不走的。走新路的，都是到岭上各处别墅上去的。

第一次第二次的外面消息，是我们所最盼望的，因为载来的是与我们有关的消息。尤其热忱地来候着的是我。因为，箴没有和我同来，我几次写信去，总催她快些上山来。上海太热，是其一因，还有……

别离，那真不是轻易说的。如果你偶然孤身作客在外，如果你不是怕见你那母夜叉似的妻，如果你没有在外眷恋了别一个女郎，你必定会时时地想思到家中的她，必定会有一种说不出的离情别绪萦挂在心头的，必定会时时地因事，因了极小极小的事，而感到一种思乡或思家之情怀的。那是每个人都是这个样子的，毋庸其讳言。即使你和她向来并不怎么和睦，常常要口角几声，隔了几天，且要大闹一次的，然而到了别离之后，你却在心头翻腾着对于她的好感。别离使你忘了她的坏处。而只想到了她，特别是她的好处。也许你们一见面，仍然再要口角，再要拍桌子，摔东西的大闹，然而这时却有一根极坚固极大的无形的情线把你和她牵住，要使你们互相接近。你到了快归家时，你心里必定是"归心如箭"，你到了有机会时，必定要立刻地接了她出来同住。有几个朋友，在外面当教员的，一到暑假，经过上海回家时，必定是极匆忙地回去，多留一天也不肯。"他是急于要想和他夫人见面呢，"大家都嘲笑似的谈着。那不必笑，换了你，也是要如此的。

这也毋庸讳言，我在这里，当然的，时时要想念到她。我写了好几封信给她，去邀她来。"如果路上没有伴，可叫江妈同来。"但她回了信，都说不能来。我们大约每天总有一封信来往，有时有两封信，然而写了信，读了信，却更引起了离别之感。偶然她有一天没有信来，那当然是要整天的不安逸的。

"铎，你不在，我怎么都不舒服，常常的无端生气，还哭了几次呢。你什么时候才能回来呢？"这是她在我走了第二日写来的信。

凄然的离情，弥漫了全个心头，眼眶中似乎有些潮润，良久，良久，还觉得不大舒适。

听心南先生说，有两位女同事写信告诉他，要在山上来住。那是很好的机会，可以与篪结伴同行的。我兴冲冲地写了信去约她。但她们却终于没有成行，当然她也不来了。我每天匆匆地工作着，预备早几天把要做的工做完。她既不能来，还是我早些回去吧。

有一次，我写信叫她寄了些我爱吃的东西来。她回信道："明后天有两位你所想不到的人上山来，我当把那些东西托他们带上。"

这两位我所想不到的人是谁呢？执了信沉吟了许久，还猜不出。也许是那两位女同事也要来了吧？也许是别的亲友们吧？我也曾写信去约圣陶、予同他们来游玩几天，也许竟是他们吧？

一天过去了，两天过去了，这两位还没有到，我几乎要淡忘了这事。

第三夜，十点钟的左右，我已经脱了衣，躺在床上看书。倦意渐渐迫上眼睑，正要吹灭了油灯，楼梯上突然有一阵匆促的杂乱的足步声；这足步到了房门口，停止了。是茶房的声音叫道：

"郑先生睡了没有？楼下有两位女客要找你。"

"是找我么？"

"她说是要找你。"

我心头扑扑地跳着。女客？那两位女同事竟来了么？匆匆地穿上了睡衣，黑漆漆地摸到楼梯边，却看不出站在门外的是谁。

"铎，你想得到是我来了么？"这是篾的声音，她由轿夫执的灯笼光中先看见了我。"是江妈伴了我来的。"

这真是一位完全想不到的不速之客！

在山中，我的情绪没有比这一时更激动得厉害的了。

山市

　　未至滴翠轩时，听说那个地方占着山的中腰，是上下山必由之路，重要的商店都开设在那里。第二次清晨到楼下观望时，却很清静，不像市场的样子。楼下只有三间铺子。商务书馆是最大，此外还有一家出卖棉织衣服店，一家五金店。东边是下山之路，一面是山壁，一面是竹林；底下是铁路饭店。"这里下山要到三桥埠才有市集呢，"茶房告诉我说。西边上去，竹荫密密的遮盖在小路上，景物很不坏！——后来我曾时时到这条路上散步，——但也不见有商店的影子。茶房说，由此上去，有好几家铺子，最大的元泰也在那里。我和心南先生沿了这条路走去，不到三四百余步，果然见几家竹器店，水果店，再过去是上海银行，元泰食物店及三五家牛肉庄，花边店，竹器店；如此而已。那就是所谓山市。但心南先生说，后山还有一个大市场，老妈子天天都到那里去买菜。

　　滴翠轩的楼廊，是最可赞许的地方，又阔又敞，眼界又远，是全座"轩"最好的所在。

　　一家竹器店正在编做竹的躺椅。"应该有一张躺椅放在廊前躺躺才好，"我这样想，便对这店的老板说，"这张躺椅卖不卖。"

　　"这是外国人定做的，您要，再替您做一张好了，三天就有。"

　　"照这样子，"我的身体躺在这将成的椅上试了一试，说："还要长了二三时。价钱要多少？"

　　"替外国人做，自然要贵些，这一张是四块钱，但您如果要，可以照本给您做。只要三块八角，不能再少。"

　　我望望心南先生，要他还价，因为这间铺子他曾买过几样东西，算是老主顾了。

"三块钱，我看可以做了。"心南先生说。

"不能，先生，实在不够本。"

"那么，三块四角钱吧，不做随便你。"我一边走，一边说。

"好了，好了，替您做一张就是。"

"三天以后，一定要有，尺寸不能短少，一定要比这张长三吋。"

"一定，一定，我们这里不会错的，说一句是一句，请先付定洋。"

我付了定洋，走了。

第二天去看，他们还没有动手做。

"怎么不做，来得及么？大后天一定要的，因为等要用。"

"有的，一定有的，请您放心。"

第三天早晨，到山上去，走过门前，顺便去看看，他们才在扎竹架子。

"明天椅子有没有？一定要送去的。"

"这两天生意太忙，对不起。后天给你送去吧。今天动手做，无论如何，明天不会好的。"

再过一天，见他们还没有把椅子送来，又跑去看。大体是已经做好了。老板说，"下午一定有，随即给你送来。"

躺在椅上试了一试，似乎不对，比前次的一张还要短。

"怎么更短了？"

"没有，先生，已经特别放长了。"

前次定做的那张椅子还挂在墙角，没有取去。

"把那张拿下来比比看。"我说。

一比，果然反短了二吋，不由人不生气！山里做买卖的人总以为比都市里会老实些，不料这种推测却完全错误！

"我不要了，说话怎么不作准？说好放长三吋的，怎么反短了二吋！"

"先生，没有短，是放长的，因为样子不同，前面靠脚处把您编得短些，所以您觉得它短了。"

"明明是短！"我用了尺去量后说。

争执了半天，结果是量好了尺寸，叫他们再做一只。两天后一定有。

这一次才没有偷减了尺寸。

每次到山脊上散步时，总觉得山后田间的景色很不坏。有一天绝早，天色还没有发亮，便起了床，自己预备洗脸水。到了一切都收拾好时，天色刚刚有些淡灰色。于是独自一人便动身了。到了山脊，再往下走时，太阳已如大血盘似的出现于东方。山后有一个小市场，几家茶馆饭铺，几家米店，兼售青菜及鸡。还有一家肉店。集旁是一小队保安队的驻所，情况很寂寥，并不热闹。心南先生所说的市集，难道就是这里么？我有些怀疑。

由这市集再往下走，沿途风物很秀美。满山都是竹林，间有流泉淙淙的作响。有一座小桥，架于溪上，几个村姑在溪潭旁捶洗衣服。在在都可入画。只是路途渐渐地峻峭了，毁坏了，有时且寻不出途径，一路都是乱石。走了半个钟头，还没有到山脚。头上汗珠津津地渗出，太阳光在这边却还没有，因为是山阴。沿路一个人也没有遇到。良久，才见下面有一个穿蓝布衣的人向上走。到了临近，见他手执一个酱油瓶，知道是到市集去的。

"这里到山脚下还有多少路？"

他以怀疑的眼光望着我，答道："远呢，远呢，还有三五里路呢。你到那边有什么事？"

"不过游玩游玩而已。"

"山路不好走呢。一路上都是石子，且又高峻。"

我不理他，继续地走下去，不到半里路，却到了一个村落，且路途并不坏，较上面的一段平坦多了。不知这个人为什么要说谎。一条溪水安舒地在平地上流着，红冠的白鹅安舒地在水面上游着。一群孩子立在水中拍水为戏，嘻嘻哈哈的大笑大叫，母亲们正在水边洗菜蔬。屋上的烟囱中，升出一缕缕的炊烟。

一只村犬见了生人，汪汪地大叫起来，四面的犬应声而吠，这安静的晨村，立刻充满了紧张的恐怖气象。孩子们和母亲们都停了游戏，停了工作，诧异地望着我。几只犬追逐在后面吠叫。亏得我有一根司的克护身，才能把它们吓跑了。它们只远远的追吠，不敢走近来。山行真不能不带司的克，一面可以为行山之助，一面又可以防身，走到草莽丛杂时，可以拨打开蛇虫之类，同时还可以吓吓犬！

沿了溪边走下去，一路都是水田，用竹竿搭了一座瓜架，就架在水面上；满架都是黄色的花，也已有几个早结的绿皮的瓜。那样有趣而可爱的瓜架，我从不曾见过。再下面是一个深潭，绿色的水，莹静地停储在那里，我静静地立着，可以照见自己的面貌。高山如翠绿屏风似的围绕于三面。静悄悄的一点人声鸟声都没有。能在那里静立一二个钟头，那真是一种清福。但偶一抬头，却见太阳光已经照在山腰了。

一看表，已经七点，不能不回去了。再经过那个村落时，犬和人却都已进屋去，不再看见。到了市集，却忘了上山脊的路，去问保安队，他们却说不知。保安队会不知驻在地的路径，那真有些奇闻！我不再问他们，自己试了几次，终于到达了山脊，由那里到家，便是熟路了。

回家后，问问心南先生，他们说的大市集原来果是那里。山市竟是如此的寂寥的，那是我初想不到的；山中人原却并不比都市中人朴无欺诈，那也是我初想不到的。

游学欧洲

——塞纳河畔的思索

我们在 ATHOS 上
——一篇小小的序文

阿托士 Athos 这个名字，凡读过大仲马的名著《侠隐记》（即《三个火枪手》）的，大约都会记住他，而现在这个名字却应用在我们的船上。还有波托士、达达南呢，他们也都是这个 M.M. 公司的邮船。这船是阿托士第二，还有阿托士第一是不幸于一九一七年五月在地中海沉没了。我们的餐厅的壁上还竖着一块铜牌，写着那次牺牲者的姓名。

阿托士第二，新造不久，载重二万四千吨，在大海中驶着，据我们这几天的经历，并不怎么颠簸，大约与我们坐长江船时所受的颠簸差不多。我们船上的生活很安适，没有一个曾感到旅行的苦。有一个餐厅，可以供我们当书房用，每人独据一张餐桌，便如独据了一张书桌。

我们是五个人。

船已到了大海，夜色灰暗了，墨黑了，天上阴沉沉的不见一粒星光。海涛微微的抚拍着船旁，微微的作响，如母亲之摇着她儿子的摇篮，低唱着催眠歌，小浪沫时时在舱洞所射出的圆光中跳跃着。远远的地方，有几座灯塔，间隔的发出光明，如在互相答语。大家默默地躺在甲板上放着的藤椅上。

我们是在 Athos 上。

天是五月的夜天，地是东海之中央。

"你们写些东西不好么？"学昭记起了春台和她说的这一句话，把它重说着。

写些东西！那是我们所时常最愿意做的工作。我们如顽童似的往往东涂西抹着。如今在此很可写作些东西的情境中，还会不写么？

学昭首先提了笔去写；中道在画着；元度在踌躇着，预备捉住一个最好的题材；兆淇在他的日记中写了一段，又扯去。我在很忙地写着信，还未想到写些什么好。

后天早晨可以到达香港。

我们要把我们所写的东西，在香港第一次寄回给亲爱的国人和亲友。第二次也许在西贡，也许更远些。

我们离开了中国，我们的心愈萦念着中国。我们在可以允许我们写些东西的环境中写作着；告诉我们的亲爱的亲友和读者以我们在 Athos 上所感到的，所想到的，所见闻到的。我们什么都写。

这是第一次。以后还有第二次，第三次，第四次……

我们是五个人，五个人写的画的想的东西还不会集成一本薄薄的册子么？

离别

一

别了，我爱的中国，我全心爱着的中国，当我倚在高高的船栏上，见着船渐渐地离岸了，船与岸间的水面渐渐地阔了，见着许多亲友挥着白巾，挥着帽子，挥着手，说着 Adieu！ Adieu！听着鞭碰劈劈拍拍地响着，水兵们高呼着向岸上的同伴告别时，我的眼眶是润湿了，我自知我的泪点已经滴在眼镜面了，镜面是模糊了，我有一种说不出的感动！

船慢慢地向前驶着，沿途见了停着的好几只灰色的白色的军舰。不，那不是悬着青天白日满地红的国旗的，他们的旗帜是"红日"，是"蓝白红"，是红蓝条交叉着的联合旗，是有星点红条的旗！

两岸是黄土和青草，再过去是两条的青痕，再过去是地平上的几座小岛山，海水满盈盈地照在夕阳之下，浪涛如顽皮的小童似的跳跃不定。水面上现出一片的金光。

别了，我爱的中国，我全心爱着的中国！

我不忍离了中国而去，更不忍在这大时代中放弃每人应做的工作而去，抛弃了许多亲爱的勇士们在后面，他们正用他们的血建造着新的中国，正在以纯挚的热诚，争斗着，奋击着。我这样不负责任地离开了中国，我真是一个罪人！

然而我终将在这大时代中工作着，我终将为中国而努力，而呈献了我的身，我的心；我别了中国，为的是求更好的经验，求更好的奋斗的工具。暂别了，暂别了，在各方面争斗着的勇士们，我不久即将以更勇猛的力量加入你们当中了。

当我归来时，我希望这些悬着"红日"的，"蓝白红"的，"有星点红条"的，"红蓝条交叉着"的一切旗帜的白色灰色的军舰都已不见了，代替他们的是我们的可喜爱的悬着我们的旗帜的伟大舰队。

如果他们那时还没有退去中国海，还没有为我们所消灭，那么，来，勇士们，我将加入你们的队中，以更勇猛的力量，去压迫他们，去毁灭他们！

这是我的誓言！

别了，我爱的中国，我全心爱着的中国！

二

别了，我最爱的祖母、母亲、妹妹以及一切亲友们！我没有想到我动身得那么匆促。我决定动身，是在行期前的七天；跑去告诉祖母和许多亲友们，是在行期前的五天。我想我们的别离至多不过是两年，三年，然而我心里总有一种离愁堆积着。两三年的时光，在上海住着是如燕子疾飞似的匆匆滑过去了，然而在孤身栖止于海外的游子看来，是如何漫长的一个时间呀！在倚闾而望游子归来的祖母母亲们和数年来终日聚首的爱友们看来，又是如何漫长的一个时期呀！祖母在半年来，身体又渐渐地恢复健康了，精神也很好，所以我敢于安心远游。要在半年前，我真的不忍与她相别呢！然而当她听见我要远别的消息时，她口里不说什么，还很高兴地鼓励着我，要我保重自己的身体，在外不像在家，没有人细心照顾了，饮食要小心，被服要盖得好些，落在床下是不会有人来拾起了；又再三叮嘱着我，能够早回，便早些回来。她这些话是安舒的慈爱的说着的，然而在她慢缓的语声中，在她微蹙的眉尖上，我已看出她是满孕着难告的苦闷与别意。不忍与她的孩子离别，而又不忍阻挡他的前进，这其间是如何的踌躇苦恼、不安！人非铁石，谁不觉此！第二天，第三天，她的筋痛的旧病，便又微微的发作了。这是谁的罪过？行期前一天的晚上，我去向她告诉；勉强装出高兴的样子，要逗引开她的忧怀别绪；她也勉强装着并不难过的样子，这还不是她也怕我伤心么？在强装的笑容间，我看出万难遮盖的伤别的阴影。她强忍着呢！以全力忍着呢！母亲也是如此，假定她们是哭了，我一定要弃了我离国的决心！一定的！这夜临别时，我告诉她们说，第二天还要来一次。但是，不，第二天，我决不敢再去向她们告别了。我真怕摇动了我的离国的决心！我宁愿负一次说谎的罪，我宁愿负一次不去拜别的罪！

岳父是真希望我有所成就的，他对于我的离国，用全力来赞助。他老人家仆仆地在路上跑，为了我的事，不知有几次了！托人，找人帮忙，换钱……都是他在忙着。我不知将如何说感谢的话好！然而临别时，他也不免有戚意。我看他扶着箴，在太阳光中，忙乱的码头上站着，挥着手，我真的感动得说不出话来。

许多朋友、亲戚……他们都给我以在我预想以上之帮忙与亲切的感觉，这使我更不忍于离别了！

果然如此的轻于言离别，而又在外游荡着，一无所成，将如何地伤了祖母、母亲、岳父以及一切亲友的心呢！

别了，我最爱的祖母以及一切亲友们！

三

当我与岳父同车到商务去时，我首先告诉他我将于二十一日动身了。归家时，我将这话第二次告诉给箴，她还以为我是与她开开玩笑的。

"哪里的话！真的要这么快动身么？"

"哪一个骗你，自然是真的，因为有同伴。"

她还不信，摇摇头道："等爸爸回来问他看。你的话不能信。"

岳父回家，她真的去问了。

"哪里会假的，振铎一定要动身了，只有六七天工夫。快去预备行装！"他微笑地说着。箴有些愕然了，"爸爸也骗我！"

"并没有骗你，是一点不假的事。"他正经地说道。

她不响了，显然的心上罩了一层殷浓的苦闷。

"铎，你为什么这样快动身？再等几时，八月间再走不好么？"箴的话声有些生涩，不如刚才的轻快了。

一天天地过去，我们俩除同出去置办行装外，相聚的时候很少，我每天还去办公，因为有许多事要结束。

每个黄昏，每个清晨，她都以同一的凄声问我说道："铎，不要走了吧！""等到八月间再走不好么？"

我踌躇着，我不能下一个决心，我真的时时刻刻想不走。去年我们俩一天的相离，已经不可忍受了，何况如今是两三年的相别呢？

我真的不想走！

"泪眼相见，觉无语幽咽，"在别前的三四天已经是如此了。每天的早餐，我都咽不下去，心上似有千百重的铅块压着，说不出的难过。当护照没有签字好时，箴暗暗地希望着英法领事拒绝签字，于是我可以不走了，我也竟是如此的暗暗地希望着。

当许多朋友请我们饯别宴上，我曾笑对他们说道："假定我不走呢，吃了这一顿饭要不要奉还？"这不是一句笑话，我是真的这样想呢。即在整理行装时，我还时时地这样暗念着："姑且整理整理，也许去不成。"

然而护照终于签了字，终于要于第二天动身了。

只有动身的那一天早晨，我们俩是始终的聚首着。我们同倚在沙发上。有千万语要说，却一句也都说不出，只是默默地相对。

箴呜咽地哭了，我眼眶中也装满了热泪。谁能吃得下午饭呢！

码头上，握了手后，我便上船了，船上催送客者回去的铃声已经丁丁地摇着了。我倚在船栏上，她站在岳父身边，暗暗地在拭泪。中间隔的是几丈的空间，竟不能再一握手，再一谈话。此情此景，将何以堪！最后，岳父怕她太伤心了，便领了她先走。那临别的一瞬，她已经不能再有所表示了，连手也不能挥送，只慢慢地走出码头，她的手握着白巾，在眼眶边不停地拭着。我看着她的黄色衣服，她的背景，渐渐的远了，消失在过道中了！

"黯然魂销者，惟别而已矣！"

Adieu！ Adieu！

希望几个月之后———不敢望几天或几十天，在国外再有一次"不速之客"的经历。

"别离"那真不是容易说的！

海燕

乌黑的一身羽毛，光滑漂亮，积伶积俐，加上一双剪刀似的尾巴，一对劲俊轻快的翅膀，凑成了那样可爱的活泼的一只小燕子。当春间二三月，轻飔微微地吹拂着，如毛的细雨无因地由天上洒落着，千条万条的柔柳，齐舒了他们的黄绿的眼，红的白的黄的花，绿的草，绿的树叶，皆如赶赴市集者似的奔聚而来，形成了烂漫无比的春天时，那些小燕子，那么伶俐可爱的小燕子，便也由南方飞来，加入了这个隽妙无比的春景的图画中，为春光平添了许多的生趣。小燕子带了他的双剪似的尾，在微风细雨中，或在阳光满地时，斜飞于旷亮无比的天空之上，唧的一声，已由这里稻田上，飞到了那边的高柳之下了。再几只却隽逸的在潋潋如谷纹的湖面横掠着，小燕子的剪尾或翼尖，偶沾了水面一下，那小圆晕便一圈一圈地荡漾了开去。那边还有飞倦了的几对，闲散地憩息于纤细的电线上，——嫩蓝的春天，几支木杆，几痕细线连于杆与杆间，线上是停着几个粗而有致的小黑点，那便是燕子，是多么有趣的一幅图画呀！还有一家家的快乐家庭，他们还特为我们的小燕子备了一个两个小巢，放在厅梁的最高处，假如这家有了一个匾额，那匾后便是小燕子最好的安巢之所。第一年，小燕子来住了，第二年，我们的小燕子，就是去年的一对，他们还要来住。

"燕子归来寻旧垒。"

还是去年的主，还是去年的宾，他们宾主间是如何的融融泄泄呀！偶然的有几家，小燕子却不来光顾，那便很使主人忧戚，他们邀召不到那么隽逸的嘉宾，每以为自己运命的塞劣呢。

这便是我们故乡的小燕子，可爱的活泼的小燕子，曾使几多的孩子们欢呼着，注意着，沉醉着，曾使几多的农人们市民们忧戚着，或舒怀地指点着，且曾平添了几多的春色，几多的生趣于我们的春天的小燕子！

如今，离家是几千里，离国是几千里，托身于浮宅之上，奔驰于万顷海涛之间，不料却见着我们的小燕子。

这小燕子，便是我们故乡的那一对，两对么？便是我们今春在故乡所见的那一对，两对么？

见了他们，游子们能不引起了，至少是轻烟似的，一缕两缕的乡愁么？

海水是皎洁无比的蔚蓝色，海波是平稳得如春晨的西湖一样，偶有微风，只吹起了绝细绝细的千万个漪漪的小皱纹，这更使照晒于初夏之太阳光之下的、金光灿烂的水面显得温秀可喜。我没有见过那么美的海！天上也是皎洁无比的蔚蓝色，只有几片薄纱似的轻云，平贴于空中，就如一个女郎，穿了绝美的蓝色夏衣，而颈间却围绕了一段绝细绝轻的白纱巾。我没有见过那么美的天空！我们倚在青色的船栏上，默默地望着这绝美的海天；我们一点杂念也没有，我们是被沉醉了，我们是被带入晶天中了。

就在这时，我们的小燕子，二只，三只，四只，在海上出现了。他们仍是隽逸的从容地在海面上斜掠着，如在小湖面上一样，海水被他的似剪的尾与翼尖一打，也仍是连漾了好几圈圆晕。小小的燕子，浩莽的大海，飞着飞着，不会觉得倦么？不会遇着暴风疾雨么？我们真替他们担心呢！

小燕子却从容地憩了。他们展开了双翼，身子一落，落在海面上了，双翼如浮圈似的支持着体重，活是一只乌黑的小水禽，在随波上下地浮着，又安闲，又舒适。海是他们那么安好的家，我们真是想不到。

在故乡，我们还会想象得到我们的小燕子是这样的一个海上英雄么？

海水仍是平贴无波，许多绝小绝小的海鱼，为我们的船所惊动，群向远处窜去；随了他们飞窜着，水面起了一条条的长痕，正如我们当孩子时之用瓦片打水漂在水面所划起的长痕。这小鱼是我们小燕子的粮食么？

小燕子在海面上斜掠着，浮憩着。他们果是我们故乡的小燕子么？

啊，乡愁呀，如轻烟似的乡愁呀！

大佛寺

祝福那些自由思想者！

挂了黄布袋去朝山，瘦弱的老妇，娇嫩的少女，诚朴的村农，一个个都虔诚地一步一挨的，甚至于一步一拜的，登上了山；口里不息地念着佛，见蒲团就跪下去磕头，见佛便点香点烛。自由思想者站在那里看着笑着，"呵，呵，那一班愚笨的迷信者，"一个蓝布衣衫，拖着长辫的农人，一进门便猛拜下去，几乎是朝了他拜着，这使他吓了一跳，便打断了他的思想。

几个教徒，立在小教堂门外唱着赞美诗，唱完后便有一个在宣讲"道理"，四周围上了许多人听着，大多数是好事的小孩子们，自由思想者经过了那里，不禁嗤了一声，连站也不一站地走过了。

几个教徒陪他进了一座大礼拜堂。礼拜堂门口放了两大石盆，盛着圣水，教徒们用手蘸了些圣水，在胸前画了一个十字，便走进了。大殿的四周都是一方一方的小方格，立着圣像，各有一张奇形的椅子，预备牧师们听忏悔者自白时用的。那里是很庄严的。然而自由思想者是漠然淡然地置之。

祝福那些自由思想者！

然而自由思想者果真漠然淡然么？

他嗤笑那些专诚的朝山者，传道者，烧香者，忏悔者；真的是！然而他果真漠然淡然么？不，不！

黄色的围墙，庄严的庙门，四个极大的金刚神分站左右。一二人合抱不来的好多根大柱，支持着高难见顶的大殿；香烟缭绕着；红烛熊熊地点在三尊金色的大佛之前，签筒滴答滴答的作响，时有几声低微的宣扬佛号之声飘过你的耳边。你是被围抱在神秘的伟大的空气中了。你将觉得你自己的空虚，你自己的渺小，你自己的无能力；在那里你是与不可知的运命、大自然、宇宙相见了。你将茫然自失，你将不再嗤笑了。

尖耸天空的高大建筑，华丽而整洁的窗户、地板，雄伟的大殿，十字架上是又苦楚、又慈悲的耶稣，一对对的纯洁无比的白烛燃着。殿前是一个空棺，披罩着绣着白十字的黑布，许多教徒的尸体是将移停于此的。静悄悄的一点声响也没有；连苍蝇展翼飞过之声也会使你听见。假使你有意地高喊一声，那你将见你的呼声凄楚的自灭于空虚中。这里，你又被围抱在别一个伟大的神秘的空气中了。你受到一种不可知的由无限之中而来的压迫。你又觉得你自己是空虚，渺小，无能力。你将茫然自失，你将不再嗤笑了。

便连几缕随风飘荡的星期日的由礼拜堂传出的风琴声、赞歌声以及几声断续的由寺观传到湖上的薄暮的钟声、鼓声，也将使你感到一种压迫，一种神秘，一种空虚。

那些信仰者是有福了。

呵，我们那些无信仰者，终将如浪子似的，如秋叶似的萎落在漂流在外面么？

我不敢想，我不愿想。

我再也不敢嗤笑那些专诚的信仰者。

我怎敢踏进那些"庄严的佛地"呢？然而，好奇心使我们战胜了这些空想，而去访问科仑布的大佛寺。

无涯的天，无涯的海，同样的甲板、餐厅、卧房，同样的人物，同样的起、餐、散步、谈话、睡，真使我们厌倦了；我们渴欲变换一下沉闷空气。于是我们要求新奇的可激动的事物。

到了科仑布，我们便去访问那久已闻名的大佛寺。我们预备着领受那由无限的主者，由庄严的佛地送来的压迫。压迫，究之是比平淡无奇好些的。

呵，呵，我们预备着怎样的心情去瞻仰这古佛，这伟佛，这只有我们自己知道。

到了！一所半西式的殿宇，灰白色的墙，并不庄严地立在南方的晚霞中。到了！我有些不信。那不是我们所想象的"佛地"，没有黄墙，没有高殿，没有一切一切，一进门是一所小园，迎面便是大卧佛所在的地方。我们很不满意，如预备去看一场大决斗的人，只见得了平淡的和解之结局一样的不满意。我们直闯进殿门。刚要揭开那白色嵌花的门帘时，一个穿黄色的和尚来阻止了。"不，"他说，"请先脱了鞋子。"于是我们都坐到长凳上脱下了皮鞋，用袜走进光滑可鉴的石板上。微微的由足底沁进阴凉的感触。大佛就在面前了。他慈和地倚卧着，高可一二丈，长可四五丈，似是新塑造的，油漆光亮亮的。四周有许多小佛，高鼻大脸，与中国所塑的罗汉之类面貌很不相同。"那都是新的呢，"同行的魏君说。殿的四周都是壁画，也似乎是新画上去的。佛前有好些大理石的供桌，桌上写着某人献上，也显然是新的。

那不是我们所想象的大佛寺里的大卧佛！

不必说了，我们是错走入一个新的佛寺里来了！

然而，光洁无比的供桌，堆着许多许多"佛花"，神秘的花香，一阵阵扑到鼻上来时；有几个土人，带了几朵花来，放在桌上合掌向佛，低微地念念有词；风吹动门帘，那帘上所系的小铜铃，便叮令作响。我呆呆地立住，不忍立时走开。即此小小的殿宇，也给我以所预想的满足。

我并不懊悔！那便是大佛寺，那便是那古旧的大卧佛！

出门临上车时，车夫指着庭中一个大围栏说，"那是一株圣树。"圣树枝叶披离，已是很古老了。树下是一个佛龛，龛前一个黑衣妇人，伏在地上默默地祷告着。

呵，怕吃辣的人，尝到一点辣味已经足够了。

阿拉伯人

阿拉伯人曾给世界——至少是欧洲——的人类以强大的战栗过；那些骑士，跨着阿拉伯种的壮马，执着长枪，出现于无边无际的平原高原上，野风刚劲地吹拂着，黄草垂倒了他们的头，而这些壮士们凛然地向着朝阳立着，威美而且庄严，便连那映在朝阳下的黑影子也显得坚定而且勇毅。啊，那些阿拉伯人，那些人类之鹰的阿拉伯人！

据说，如今长枪虽然换了火枪，他们的国土虽然被掠夺于他人之手，然而他们却还不减于前的勇鸷，尤其是关于劫盗的事；沙漠上如飙风似的来掠劫了旅客的宝物，又如飙风似的隐去的，是阿拉伯人；沿口岸做着偷盗欺诈的种种不规则的事的，又是阿拉伯人。据说，阿拉伯人是那么可怕，你身边只要带了一百个佛郎，他便可以看上了你，把这些钱夺了去，还把你的衣服剥了一个光。又据说，由上海到马赛的一道长程的海行，就等于我们国内的长江旅行，一路上都要异常的谨慎，一不小心，便要使你失去了那旅行费，使你如鱼失了水一样的狼狈异常，不仅惊惶的至于脸变了色。不用说，那又是阿拉伯人干的把戏。

啊，好不可怕的阿拉伯人！虽然这"惧怕"不大等于那中古时代人类所感到的战栗。

船由东而西，快要转折而北了，停泊的地方是亚丁。啊，亚丁，那是阿拉伯人的大本营呀！一路上，托天的福，总算一点没有损失什么，如今却不能不更为注意了。

上船来的是卖杂物的黑人，那细细的黑发，紧紧地拳曲在头上，那皮肤黑得如漆，显得那牙齿更为可怕的白。夹杂在这些黑人之中的是阿拉伯人，有的瘦而微黑，有的肥胖若猪，头上戴的是红毡的高帽子；他们是不异于印度人的，是不异于我们故乡的人的，是不异于日本人的；他们并不可怕。他们将那掮着的毛布，鸵鸟毛扇子等等，陈列在我们之前，笑嘻嘻地在邀致生意。

那还是执长枪，跨壮马，驰骤于战场之下的阿拉伯人么？

我想起来了，那天在新加坡，为我们赶马车的和慈老头子，他并不断断争价，多给了半个银角，便笑嘻嘻地道谢的，也正是这个样子的人，也正是一个阿拉伯人呀！

啊，好和善可亲的阿拉伯人！

我们上了岸，亚丁却给我们以一个恐怖。太阳如一个绝大的火球，投射下无限的热气在我们身上。地上是一片的黄土，绝无一株绿草可见，与香港、西贡、新加坡、科仑布的情形绝不相同，那黄色的地土，也反射出无限的热气；在这上下交迫之间，我们步行不到十几步，便浑身是汗了。汗衫是湿透了，而额上的汗水尽由帽缘溜出，流得满脸都是。要用手去揩，而手背已是津津的若刚由水中伸出似的湿了。前面是一片小公园，很有布置地植种了许多树木；那树木是可怜的瘦小，那树木的枝叶是可怜的憔悴。左面是一带商店，店后便是奇形可怪的山岩，只草片苔不生的山岩，而店的隙处，便是一条通过山中而至"城内"的道路。那道路是那么峻峭芜诡，不禁地使同行者连声叫道：

"不要走过这条路去；当心那阿拉伯人要剥我们衣服去！"

真的，在这样的山路里，剥去了一二个由万里来的过客的衣服，算得了什么一回事！

我们的"恐惧"便再伸出它的头来。

然而我们在寂寂悄悄的海滨大道上走着，除了洒水运货的骆驼车，除了骑在小驴子上的小阿拉伯人，除了兜揽生意的汽车夫之外，一点也没遇到什么。我们匆匆的归来，能在"阿托士"离开亚丁之前，赶得上船，还亏得是他们的指导。

那些阿拉伯人，那些和善的阿拉伯人，他们勇鸷之心，威壮之气，难道已随了时光之飞逝而消磨净尽么？

第二天清晨，"阿托士"又停泊在耶婆地了。照样的上来许多戴红毡帽的阿拉伯人，以及头发拳曲的黑人，照样的笑嘻嘻地在招揽生意。有好几个阿拉伯人，掮了笨大的布包，黑的白的鸵鸟毛扇子，由三层楼的头等舱甲板，下到我们的甲板上来；梯口已用一个短铁栏阻住了。一位"侍者"坐在梯后。他见这一队阿拉伯商人下梯来，便立起来，用破椅上拆下的木条，猛敲他们几下。有几下是敲在梯级上了，有几下是敲在他们的腿上。他们一个个见了这突如其来的打击，便惶急得惊慌得不得了。一个个都匆急地跨过短栏去。看那惶恐的样子呀，唉，我真有些不忍！然而最猛重的一下却敲在一位瘦长的老头子手指上。他痛得只是把手来摇抖，而掮的货物又笨大，一时不易跨过短栏。他心愈惶急，而愈不易跨过。在这时，他身上又着了一二下木条子。我把头回转了不忍看；我望着柔绿的海水，几只海鸥正呱呱若泣的啼着飞过去。我再回头时，他已经立在我们的甲板上，不住地抚摩着那一只被猛敲的手，还用口来吻润着。而他的脸上眼中，还依样的和善，一点也看不出恨怒的凶光。

我不知怎样的，心上突感着一种难名的苦楚和悲戚。

我面前现出一队的骑士，跨着阿拉伯种的壮马，执着长枪，出现于无边无际的平原高原上，野风刚劲地吹拂着，黄草垂倒了他们的头，而这些壮士们凛然地向着朝阳立着，威美而且庄严，便连那映在朝阳下的黑影子也显得坚定而且勇毅。

啊，啊，这些阿拉伯的商贩们便是他们的苗裔么？

我不能相信，我不忍相信！

同舟者

今天午餐刚毕，便有人叫道："快来看火山，看火山！"

我们知道是经过意大利了，经过那风景秀丽的意大利了；来不及把最后的一口咖啡喝完，便飞快地跑上了甲板。

船在意大利的南端驶过，明显的看得见山上的树木，山旁的房屋。转过了一个湾，便又看见西西利岛的北部了；这个山峡，水是镜般平。有几只小舟驶过，那舟上的摇橹者也可明显地数得出是几个人。到了下午二时，方才过尽了这个山峡。

啊，我们是已经过意大利了，我们是将到马赛了；许多人都欣欣的喜色溢于眉宇，而我们是离家远了，更远了！

啊，我们是将与一月来相依为命的"阿托士"告别了，将与许多我们所喜的所憎的许多同舟者告别了。这个小小的离愁也将使我们难过。真的是，如今船中已是充满了别意了；一个军官走过来说：

"明天可以把椅子抛在海上了。"

一个葡萄牙水兵操着同我们说的一般不纯熟的法语道：

"后天，早上，再会，再会！"

有的人在互抄着各人的通信地址，有的人在写着要报关的货物及衣服单，有的人在忙着收拾行装。

别了，别了，我们将与这一月来所托命的"阿托士"别了！

在这将离别的当儿，我们很想恰如其真的将我们的几个同舟者写一写；他们有的是曾给我们以许多帮忙，有的是曾使我们起了很激烈的恶感的。然而，谢上帝，我是自知自己的错误了；在我们所最厌恶者之中，竟有好几个是使我们后来改变了厌恶的态度的。愿上帝祝福他们！我是如何的自惭呀！我觉得没有一个人是压根儿的坏的。我们应该爱人类，爱一切的人类！

第一个使我们想起的是一位葡萄牙太太和她的公子。她是一位真胖的女子，终日喋喋多言。自从香港上船后，一班军官便立刻和她熟悉了，有说有笑的，态度很不稳重。许多正人君子，便很看不起她。在甲板上，在餐厅中，她立刻是一个众目所注的中心人物了。然而，后来我们知道她并不是十分坏的人。在印度洋大风浪中的几天，她都躺在房中没出来。也没人去理会她——饭厅中又已有了一个更可注目的人物了，谁还理会到她。这个后来的人物，我下文也要一写——据说，她晕船了，然而在头晕脚软之际，还勉强地挣扎着为她儿子洗衣服。刚洗不到一半，便又软软地躺在床上轻叹了一口气。她同我们很好。在晕船那几天，每天傍晚，都借了我的藤椅，躺在甲板上休息着。那几天，刚好魏也有病，他的椅子空着，我自然是很乐意地把自己所不必用的椅子借给她。她坐惯了我的椅子，每天都自动地来坐。她坐在那里，说着她的丈夫；说着她的跳舞，"别看我身子胖，许多人和我跳舞过的，都很惊诧于我的'身轻如燕'呢；"还说着她女儿时代的事；说着她剖了肚皮把孩子取出的事；说着她儿子的不听话而深为叹息。她还轻声地唱着，唱着。听见三层楼客厅里的隐约的音乐声，便双脚在甲板上轻蹬着，随了那隐约的乐声。船过了亚丁，是风平浪静了，许多倒在床上的人都又立起来活动着。魏的病也好了。我于每日午晚二餐后，便有无椅可坐之感，然而我却是不能久立的。于是，踌躇又踌躇，有一天黄昏，只得向她开口了：

"夫人，我坐一会椅子可以不可以。"

她立刻站起来了，说道："拿去，拿去！"

"十分的对不起！"

"不要紧，不要紧。"

我把我的椅子移到西边坐着，我们的几个人都在一处。隔了不久，她又立在我们附近的船栏旁了。且久立着不走。我非常难过，很想站起来让她，然怕自此又成了例，只得踌躇着，踌躇着，这些时候是我在船上所从没有遇到的难过的心境。然而她终于走开了。自此，她有一二天不上甲板。还有一顿饭是房里吃的。后来，即上了甲板，也永远不再坐着我们的椅子。

我一见她的面，我便难过，我只想躲避了她。

她的儿子Jim最初也使我们不喜欢。一脸的顽皮相，我们互相说道："这孩子，我们别惹他吧。"真的，我们一个人也不曾理他。他只同些军官们闹闹。隔了好几天，他也并不见怎么爱闹。我开始见出我的错误。到西贡后，船上又来了两个较小的孩子。Jim带领了他们玩，也不大欺负他们。我们看不出他的坏处。在他的十岁生日时，我还为他和他母亲照了一个相。然而他母亲却终于在这日没有一点举动，也没有买一点礼物给他。在这一路上，没有见他吃过一点零食，没有见他哭过一声；对母亲也还顺和。别人上岸去，带了一包一包东西回来，他从来没有闹着要；许多卖杂物的人上船来，他也从不向他母亲要一个钱来买。这样的孩子还算是坏么？我颇难过自己最初对他之有了厌恶心。学昭女士还说——她本是与他们同一个房间的——每天早晨起来时，或每晚就寝时，这个孩子，一定要做一回祷告；这个小小的人儿，穿着睡衣，赤着足儿，跪在地上箱上，或板上，低声合掌的念念有词；念完了，便睁开眼望着他母亲叫了声"妈！"这幅画多么动人！

一位白发萧萧的老头儿，在西贡方才上船来；他的饭厅上的座位，恰好可以给我们看得见。我不晓得他已有了多少年纪，只看他向下垂挂着的白须，迎着由窗口吹进来的风儿，一根根地微飘着；那样的银须呀，至少增加他以十分的庄严，十二分的美貌。他没有一个朋友，镇日坐着走着，精神仿佛很好。过了好几天，他忽然对我们这几个人很留意。他最先送了一个礼物来，那是由他亲手做成的，一个用线和硬纸板翦缀成的人形，把线一拉手足便会活动着。纸上还有钢笔画了许多眉目口鼻之类。老实说，这人形并不漂亮，然而这老人的皱纹重重的手中做出的礼物，我们却不能不慎重的领受着，慎重的保存着。他很好事，常常到我们桌子上来探探问问。什么在他都是新奇的；照相机也要看看，饼干也要问这是中国的或别国的；还很诧异地看着我们写字；我写着横行的字，这使他更奇怪："是中国字么？中国是直行向下写的。"直到了我们告诉他这是新式的写法，他方才无话；然而"诧异"似还挂在他的眉宇间。有一天，他看见一位穿着牧师的黑衣的西班牙教士来探望我们，他一直注目不已。这位教士刚走出饭厅门口，他便跑来殷殷地查问了："是中国人么？是天主教牧师么？"人家说，老人是像孩子的。这句话真不错。他简直是一个孩子。听说——因为我没有看见——那几天他执了剪刀、硬纸板、针和线，做了不少这些活动的人形分给同饭厅的孩子们。然而没有一个孩子和他亲热。军官们、少年们、太太们，没有一个人理会他。这几天，他是由房里取出一个袋子来，独自坐在椅上，把袋子里的绒线长针都搬出，在那里一针一针地编织着绒线衣衫。他织得真不坏！这绒线衫是做了给谁的呢？我猜不出，我也不想猜。然而我每见了这位白发萧萧而带着童心的孤独的老人，我便不禁有一种无名的感动。

一位瘦瘦的男人，和一位瘦瘦的他的妻，最惹我们讨厌。第一天上船，他们的一个小孩子便啼哭不止，几乎是整夜的哭。徐、袁、魏三位的房门恰对着他的房门。他们谈话的声音略高，那瘦丈夫便跑来干涉，说是怕扰了孩子的睡眠。他们门窗没有放下，那瘦丈夫又跑来说，有女太太在对门不方便。这使他们非常的气愤。那样瘦得只剩皮和骷髅的脸，唇边两劈乌浓的黑胡子，一见面便使人讨厌。后来，他们终于迁居了一个房间。仿佛孩子也从此不哭了。他们夫妻俩似乎也很沉默，不大和人说话，我们也不大理会他。他们那两个孩子可真有趣。大的女孩不过五岁，已经能够做事了；当她母亲晕船的那几天，她每顿饭总要跑好几趟路，又是面包、冷水，又是菜。我见了那小小的人儿，小小的手儿，慎重其事地把大盆子大水杯子捧着，走过我的面前，我几乎要脱口地说道："小小的朋友，让我替你拿去了吧。"当然，这不过是一瞬间的幻想，并没有真的替她拿过。他们的小女孩子，那是更小了，须有人领着，才会在甲板上走。她那双天真的小黑眼，东方人的圆圆的小脸，常常笑着看着人。我不相信，她便是那位曾终夜啼哭过的孩子。

再有，上文说起过的那位胖女人；她也是由西贡上船来的。我不是说过了么，有了她一上船，那位葡萄牙太太便失了为军官们所注意的中心人物么？她胖得真可笑，身重至少比那位葡萄牙的胖太太要加重二分之一。她终日的笑声不绝，和那些军官玩笑得更为下流。我们不由得不疑心她是一个妓女。那些和她开玩笑的军官，都是存心要逗她玩玩的，只要看他们那样的和同伴们挤小眼儿便可见。然而她似乎一点也没有觉到这些。她是真心真意地说着、笑着、唱着、闹着、快乐着，不惜以她自己为全甲板，全饭厅的人的笑料。没有一个人见了她不摇摇头。她常不穿袜子，裸着半个上身，半个下身，拖着一双睡鞋，就这样的入饭厅，上甲板。啊，那肥胖到褶挂下来的黄色肌肉，走一步颤抖一下的，使我见了几乎要发呕。我躺在藤椅上，一见她走过便连忙闭了眼不敢望她一下。没有一个同舟的人比之她使我更厌恶的。有一次，她忽然和一位兔脸的军官，大开玩笑。她收集了好几瓶的未吃的红酒，由这桌到那桌的收集着，尽往兔脸军官那儿送去。兔脸军官立了起来，满怀抱都是酒瓶。他做的那副神情真使人发笑。于是全饭厅的人都拍了掌。从这一天起，她便每天由这桌到那桌的收集了红酒往兔脸军官那儿送去。只有我们这个桌子，她没有来光顾过；她往往望着我们的酒瓶，我们的酒瓶早已空了。有一天，隔壁桌儿上的军官，故意把水装满了一瓶放在我们桌上。她来取了，倒还机灵，先倒来一试，说道，"水，"又还给我们了。总算我们的桌上，她是始终没有光顾过。后来，船到了波赛，不知什么时候她已上岸了。她的座位上换了一个讨厌新闻记者，而饭厅里不复闻有笑声。

讲起兔脸军官来，我也觉得了自己的错误。有一天，他在 Lavatory 门口对我说了一声"BonJour"，我勉强地还了一声。然而他除了和胖女人逗趣外，并无别的讨厌的事。在甲板上，他常常带领了几个孩子们玩耍，细心而且体贴。Jim 连连地捏了他的红鼻子，他并不生气，只是笑嘻嘻的，还替两个孩子造了两个小车，放在满甲板上跑。他总是嬉嬉笑的，对了我总是点头。

啊，在这里，人是没有讨厌的，我是自知自己的错误了。

然而那瘦脸的新闻记者，那因偷钱而被贬入四等舱而常到三等舱来的魔术家，我却是始终讨厌他们的。

不，上帝原谅我，我没有和他们深交，作兴他们也有可爱之处而为我们所不知道呢！

还有，许许多多的军官，同伴，帮忙我们不少的，早有别的人写了，我且不重复，姑止于此。

我在此，得了一个大教训，是：人都是好的。

回过头去

——献给上海的诸友

回过头去，你将望见那些向来不曾留恋过的境地，那些以前曾匆匆地吞嚼过的美味，那些使你低徊不已的情怀，以及一切一切；回过头去，你便如立在名山之最高峰，将一段一段所经历的胜迹及来路都一一重新加以检点、温记；你将永忘不了那蜿蜒于山谷间的小径，衬托着夕阳而愈幽倩，你将永忘不了那满盈盈的绿水，望下去宛如一盆盛着绿藻金鱼的晶缸，你将忘不了那金黄色的寺观之屋顶、塔尖，它们耸峙于柔黄的日光中，隐若使你忆记那屋盖下面的伟大的种种名迹。尤其在异乡的客子，当着凄凄寒雨，敲窗若泣之际，或途中的游士，孤身寄迹于舟车，离愁填满胸怀而无可告诉之际，最会回过头去。

如今是轮到我回过头去的份儿了。

孤舟——舟是不小，比之于大洋，却是一叶之于大江而已——奔驰于印度洋上，有的是墨蓝的海水，海水，海水，还有那半重浊、半晴明的天空；船头上下的簸动着，便如那天空在动荡；水与天接处的圆也有韵律的一上一下移动。第一天，第二天，第三天，一直是如此。没有片帆，没有一缕的轮烟，沿右半节的地影，便连前几天在中国海常见的孤峙水中的小岛也没有。呵，我们是在大海洋中，是在大海洋的中央了。我开始对于海有些厌倦了，那海是如此单调的东西。我坐在甲板上，船栏外便是那墨蓝色的海水，海水，海水。勉强地闭了两眼，一张眼便又看见那墨蓝色的海水，海水，海水。我不愿看见，但它永远是送上眼来。到舱中躺下，舱洞外，又是那奔腾而过的墨蓝色的海水，海水，海水。闭了眼，没用！在上海，春夏之交，天天渴望着有一场舒适的午睡。工作日不敢睡；可爱的星期日要预备设法享用了它，不忍睡。于是，终于不曾有过一次舒适的午睡。现在，在海上，在舟中，厌倦，无聊，无工作，要午睡多么久都不成问题，然而奇怪！闭了眼，没用！脸向内，向外，朝天花板，埋在枕下，都没用！我不能入睡。舱洞外的日光，映着海波而反照入天花板上，一摇一闪，宛如浓荫下树枝被风吹动时的日光。永久是那样的有韵律的一摇一闪。船是那样的簸动，床垫是如有人向上顶又往下拉似的起伏着；还是甲板上是最舒适的所在。不得已又上了甲板。甲板上有我的躺椅。我上去了见一个军官已占着它，说了声 Pardon，他便立起来走开，让我坐下了。前面船栏外是那墨蓝色的海水，海水，海水，左右尽是些异邦之音，在高谈，在絮语，在调情，在取笑，面前，时时并肩走过几对的军官，又是有韵律似的一来一往地走过面前，好似肚内装了发条的小儿玩具，一点也不变动，一点也不肯改换它们的路径、方向、步法。这些机械的无聊的散步者，又使我生了如厌倦那深蓝色的海水，海水，海水似的厌倦。

一切是那样的无生趣，无变化。

往昔，我常以日子过得太快而暗自心惊，一个星期，一个星期，如白鼠在笼中踏转轮似的那么快地飞过去。如今那下午，那黄昏，是如何的难消磨呀！铛铛铛，打了报时钟之后，等待第二次的报时钟的铛铛铛，是如何的悠久呀！如今是一时一刻地挨日子过，如今是强迫着过那有韵律的无变化的生活，强迫着见那一切无生趣无变动的人与物。

在这样的无聊赖中，能不回过头去望着过去么？

呵，呵，那么生动，那么有趣的过去。

长脸人的愈之面色焦黄，手指与唇边都因终日香烟不离而形成了洗涤不去的垢黄色，这曾使法租界的侦探误认他为烟犯而险遭拘捕，又加之以两劈疏朗朗的往下堕的胡子，益成了他的使人难忘的特征。我是最要和他打趣的。他那样的无抵抗的态度呀！

伯祥，圆脸而老成的军师，永远是我们的顾问；他那谈话与手势曾迷惑了我们的全体与无数的学生；只有我是常向他取笑的，往往的"伯翁这样""伯翁那样"地说着，笑着；他总是淡然地说道："伯翁就是那样好了。"只有圣陶和颉刚是常和他争论的，往往争论得面红耳热。

予同，我们同伴中的翩翩少年；春二三月，穿了那件湖色的纺绸长衫，头发新理过，又香又光亮，和风吹着他那件绸衫，风度是多么清俊呀！假如站在水涯，临流自照，能不顾影自怜！可惜闸北没有一条清莹的河流。

圣陶，别一个美秀的男性；那长到耳边的胡子如不剃去，却活是一个林长民——当然较他漂亮——剃了，却回复了他的少年，湖色的夹绸衫，更显得漂亮；青缎马褂，毕恭毕敬的举止，唯唯讷讷若无成见的谦抑态度，每个人见了都要疑心他是一个"老学究"。准也料不到他是意志极坚强的人。这使他老年了不少，这使他受了许多人的敬重。

东华，那瘦削的青年，是我们当中的最豪迈者。今天他穿着最漂亮的一身冬衣，明天却换了又旧又破的夹衣，冻得索索抖：无疑的，他的冬衣是进了质库。他常失踪了一二天，然后又埋了头坐在书桌上写译东西，连午饭也可以不吃，晚间可以写到明天三四点钟。他可以拿那样辛苦得来的金钱，一掷千金无悔。我们都没有他那样的勇气与无思虑。

调孚，他的矮身材，一见了便使人不会忘记。他向不放纵，酒也不喝，一放工便回家；他总是有条有理地工作着，也不诉苦也不夸扬。但有时，他也似乎很懒，有人拿东西请他填写，那是很重要的，他却一搁数月，直到了事变了三四次，他却始终未填！我猜想，他在家庭里是一个太好的父亲了。

石岑，我想到他的头上脸上的白斑点，不知现在已否退去或还在扩大它的领库。他第一次见人，永远是恳恳切切的，使人沉醉在他的无比的好意中。有时却也曾显出他的崭绝严厉的态度，我曾见他好几次吩咐门房说，有某人找他，只说他不在。他的谈话，是伯翁的对手。他曾将他的恋爱故事，由上海直说到镇江，由夜间十一时直说到第二天天色微明，这是一个不能忘记的一夜，圣陶、伯翁他们都感到深切的趣味。还有，他的耳朵会动，如猫狗兔似的，他曾因此引动了好几百个学生听讲的趣味。

还有，镇静而多计谋的雁冰，易羞善怒若小女子的仲云，他们可惜都在中国的中央，我们有半年以上不见了。

还有，声带尖锐的雪村老板，老干事故的乃乾，渴想放荡的锦晖，宣传人道主义的圣人傅彦长，还有许多许多——时刻在念的不能一一写出来的朋友们。

这些朋友一个个都若在我面前现出。

有人写信来问我说："你们的生活是闭户著书，目不窥园呢，还是天天卡尔登，夜夜安乐宫呢？"很抱歉的，我那时没有回答他。

说到我们的生活，真是稳定而无奇趣，我们几乎是不住在上海似的，固然不能说我们目不窥园——因为涵芬楼前就有一个小园子，我们曾常常去散散步——然而天天卡尔登的福气，我们可真还不曾享着。在我们的群中，还算是我，是一个常常跑到街上的人，一个星期中，总有两三个黄昏是在外面消磨过的，但却不是在什么卡尔登、安乐宫。有什么好影片子，便和君箴同到附近影戏院中去看，偶然也一个人去，远处的电影院便很少能使我们光顾了——

"今天 Apollo 的片子不坏，圣陶，你去么？"

"不，今天不去。"

"又要等到礼拜天才去么？"

他点点头。他们都是如此，几乎非礼拜天是不出闸北的。

除了喝酒，别的似乎不能打动圣陶和伯祥破例到"上海"去一次。

"今天喝酒去么？"

他们迟疑着。

"伯翁，去吧！去吧！"我半恳求地说。

"好的，先回家去告诉一声。"伯祥微笑地说，"大约你夫人又出去打牌了，所以你又来拉我们了。"我没有话好说，只是笑着。

"那么，走好了，愈之去不去？去问一声看。"圣陶说。

愈之虽不喝酒——他真是滴酒不入口的；他自己说，有一次在吃某亲眷的喜酒时，因为被人强灌了两杯酒，竟至昏倒地上，不省人事了半天。我们怕他昏倒，所以不敢勉强他喝酒——然而我们却很高兴邀他去，他也很高兴同去。有时，予同也加入。于是我们便成了很热闹的一群了。

那酒店——不是言茂源便是高长兴——总是在四马路的中段，那一段路也便是旧书铺的集中地。未入酒店之前，我总要在这些书铺里张张望望好一会。这是圣陶所最不高兴而伯祥、愈之所淡然的，我不愿意以一人而牵累了大家的行动，只得怅然地匆匆地出了铺门，有时竟至于望门不入。

我们要了几壶"本色"或"京庄"，大约是"本色"为多。每人面前一壶。这酒店是以卖酒为主的，下酒的菜并不多。我们一边吃，一边要菜。即平常不大肯入口的蚕豆、毛豆在这时也觉得很有味。那琥珀色的"京庄"，那象牙色的"本色"，倾注在白瓷里的茶杯中，如一道金水；那微涩而适口的味儿，每使人沉醉而不自觉。圣陶、伯祥是保守着他们日常饮酒的习惯，一小口一小口，从容地喝着但偶然也肯被迫地一口喝下了一大杯。我起初总喜欢豪饮，后来见了他们的一小口一小口地可以喝多量而不醉，便也渐渐地跟从了他们。每人大约不过是二三壶，便陶然有些酒意了。我们的闲谈源源不绝；那真是闲谈，一点也没有目的，一点也无顾忌。尽有说了好几次的话了，还不以为陈旧而无妨再说一次，我却总以愈之为目的而打趣他，他无法可以抵抗："随他去说好了，就是这样也不要紧。"他往往地这样说。呵，我真思念他。假定他也同行，我们的这次旅游，便没有这样枯寂了！我说话往往得罪人，在生人堆里总强制着不敢多开口，只有在我们的群里是无话不谈，是尽心尽意而倾谈着，说错了不要紧，谁也不会见怪的，谁也不会肆以讥弹的。呵，如今我与他们是远隔着千里万里了；孤孤踽踽，时刻要留意自己的语言，何时再能有那样无顾忌的畅谈呀！

我们尽了二三壶酒，时间是八九点钟了，我们不敢久停留，于是大家便都有归意。又经过了书铺，我又想去看看，然而碍着他们，总是不进门的时候居多。不知怎样的，我竟是如此的"积习难忘"呀。

有几次独自出门，酒是没有兴致独自喝着，却肆意地在那几家旧书铺里东翻翻西挑挑。我买书不大讲价，有时买得很贵，然因此倒颇有些好书留给我。有时走遍了那几家而一无所得；懊丧没趣而归，有时却于无意得到那寻找已久的东西，那时便如拾到一件至宝，心中充满了喜悦。往往的，独自地到了一家菜馆，以杯酒自劳，一边吃着，一边翻翻看看那得到的书籍。如果有什么忧愁，如果那一天是曾碰着了不如意的事，当在这时，却是忘得一干二净，心中有的只是"满足"。

呵，有书癖者，一切有某某癖者，是有福了！

我尝自恨没有过过上海生活；有一次，亡友梦良、六儿经过上海，我们在吉升栈谈了一夜。天将明时六儿要了三碗白糖粥来吃。那甜美的粥呀，滑过舌头，滑下喉口，是多么爽美，至今使我还忘不了它。去年的阴历新年，我因过年时曾于无意中多剩下些钱，便约了好些朋友畅谈了一二天、一二夜；曾有一夜，喝了酒后，偕了予同、锦晖、彦长他们到卡尔登舞场去一次，看那些翩翩的一对对舞侣，看那天花板上一明一亮的天空星月的象征，也颇为之移情。那一夜直至明早二时方归家。再有一夜，约了十几个人，在一品香借了一间房子聚谈；无目的地谈着，谈着，谈着，一直到了第二天早晨。再有一次是在惠中。心南先生第二天对我说：

"我昨夜到惠中去找朋友，见客牌上有你的名字，究竟是不是你？"

"是的，是我们几个朋友在那里闲谈。"

他觉得有些诧异。

地山回国时，我们又在一品香谈了一夜。彦长、予同、六逸，还有好些人，我们谈得真高兴，那高朗的语声也许曾惊扰了邻人的梦，那是我们很抱歉的！我们曾听见他们的低语，他们着了拖鞋而起来灭电灯。当然，他们是听得见我们的谈话。

除了偶然的几次短旅行，我和君箴从没有分离过一夜；这几夜呀，为了不能自制的谈兴却冷落了她！

六逸，一个胖子，不大说话的，乃是我最早的邻居之一；看他肌肉那么盛满，却是常常的伤风。自从他结婚以后，却不和我们在一处了。找他出来谈一次，是好不容易呀。

　　我们的"上海"生活不过是如此的平淡无奇，我的回忆不过是如此的平淡无奇。然而回过头去，我不禁怅然了！一个个的可恋念的旧友，一次次的忘不了的称心称意的谈话，即今细念着、细味着，也还可以暂忘了那抬头即见的墨蓝色的海水，海水，海水呢。

第五辑

师友忆往

——友谊的温情永在我心上

鲁迅先生并不偏狭

鲁迅先生并不偏狭，如一般不认识、不深知他的人所想象的；恰恰相反，他的心胸是最广阔的。对于文艺，他尤其抱着最宽大的精神，最正确的见解。

有些批评者称鲁迅先生为中国的高尔基。这句话并不令人抗议——虽然在相隔四个月之间相继逝去的他们，性格、工作未必完全相同。

在鼓励、奖进青年作家们这一方面，鲁迅先生和高尔基具有极相同的热忱。对于这一点，有许多的青年作家们，说起来便要流涕地追念着！

在宽大正确的文艺见解上，鲁迅先生和高尔基尤为无殊。自从高尔基回到了俄国之后，俄国的文坛方才一洗革命初期的排斥"非革命"的作品的态度。在高尔基指导之下，俄国成立了世界文学研究会一类的组织，大规模地在介绍古典的和西欧的文学。被托尔斯泰所斥责的莎士比亚，居然也重新被认识了。俄国本土的旧作品也大量地重印着。许多重要作家，像托尔斯泰的未发表的遗著，都陆续地由国家的力量替他们出版。

鲁迅先生对于文艺，其趣味也是极广泛的。他以同样的喜爱的态度，来对待《死魂灵百图》《凯绥·柯勒惠支版画》，以及《北平笺谱》《十竹斋笺谱》《陈老莲画博古牌》；他以同样的热忱来介绍爱罗先诃的童话，阿志巴绥夫的小说；来整理中国小说，来辑录唐传奇和古小说。他是收藏六朝造像最丰富的收藏家之一。他还收藏着最丰富的近代的版画。

他对一切好的、美的东西，都是喜爱的。他决不有意地指斥某一时代或一个地方或国度的美好的东西。

对于友朋或青年们，他也尽了他的最大的忍耐和温情。他知道许多人的弱点，他明明看出他们的缺点的所在，但他并不严峻地排斥他们。他知道凡是一个人决不会没有一点疵瑕的。

他对于和他往来的人们往往表示着过度的热心，以此往往的上当。但他并不灰心。他的信是由一家书店转的，但他还代青年们负转信之责；他的稿费都不是自己去取的，但他也还往往受人之托，去做支取稿费一类的麻烦的事。他天天要写稿、译稿，他有许多的功夫要做；但他仍然是热忱地为青年人看稿，复信指示他们的前途。即在病榻上，他还天天替一位故去的朋友在校对遗著，一个字一个字地细校着。

他一直忙碌到死，不曾舒畅地安心地休息过一天。

他每顿喝不多的酒；纸烟倒是不离口的，但吸的只是"美丽牌"一类的比较廉价的。此外，他似乎是别无所好了，除了买书。他的钱都用来帮助他所不认识或认识的，应该或需要帮助的朋友了。同时还自费出版些永远是亏本生意的版画集。

但他对文艺并不是一味的宽容；对人，也并不是一味的姑息。

他的爱憎是最分明、最痛快地表现着的。

他爱一切为大众而工作着的人；他爱精致的好文章，好木刻画；他爱一切伟大的美好的作品。

但他憎的是浮滑少年，是宣传"谬种"的人物，是鬼祟的阴谋者，是抱着一二部自己一知半解的古书，却以为"天下之美尽在于此矣"的可笑之人。

故他不反对袁中郎，却反对提倡或学习袁中郎者。他喜爱一切的有希望的青年，却厌恶良心已经腐烂了的鬼祟的人物。

他是最热烈的人；满腔的义愤，满腔的热情，他永远不曾"老"，也从不曾自以为"老"过。

从他坚定的徐缓的谈话里，可以看出他是一位不可摇撼的巨人。

疾风会吹倒劲草，但吹不折凌霄的孤松。

他的身体虽已埋掉，但他的精神却永远地笼罩在后来的踏着他的足迹前进的人们的身上和心上。

忆冲锋的老战士鲁迅先生

在一个战壕里，有无数的新入伍的兵士从后方补充进去，他们没有过战争的经验，他们是要犯"上场昏"的。前后左右都是步枪声、机关枪声，红光一闪的是大炮的飞过，轰炸弹、炮弹炸裂起来，大地仿佛在跳动，泥土飞溅得天高，又一阵泥雨似的洒落下来。在这个时候，如果没有几个老于战阵的老战士们在慰藉他们，在指导他们，在鼓励他们，他们一定会吓得后逃的。许多许多的新兵都依仗着老战士的行动为标的，仿佛在黑暗中依仗着明灯行路一样。

在这个中华民族生死存亡的大决战的时候，我们的依仗着民族的老战士们的地方格外多，格外切。他们的一举一动，都是救亡队伍里新群众的标的与指导。老战士们会指示出好的战术，最有力的救亡方案的。

鲁迅先生是我们民族老战士们里最英勇，最爱打冲锋，最喜指示青年们的一位。假如他在今年这个时候还活在世上的话，我们的救亡阵线，我们的青年的新兵，我们的文坛上的工作，将增加多少的活跃呢！然而在今年的这个中华民族生死存亡的大决战的时候，我们的打冲锋的老战士鲁迅先生却永远地被"自然"消失去了，他的跃马挺戈向前杀敌的英勇的姿态了！我们不再听到他的亲切的呐喊，我们不再见到他的严肃而感人的指示！我们不再能够依仗着他的明灯而前进！我们不再能够见到他的瘦削的被裹在黑呢大衣里的身躯，而跟着他坚定的步伐在往前走！我们在正最需要他，最要倚重他的时候，他却在此前的一年，为"自然"残酷地从我们的队伍里夺去了！

我们在这位老战士的周年忌辰的今天，我们将怎样的怅惘与悼恨呢！

然而，我们在静默地悼念着时，我们仿佛还见到他被裹在黑呢大衣里的瘦削身躯，在以坚定的步伐向前走去；我们仿佛还听见他的亲切的呐喊去鼓励着新入伍兵的杀敌的勇气。这使我们增加了无限的杀敌的勇气！

冲，冲！向前杀敌啊，救亡的阵伍！我们要以我们的老战士的永远不衰退的勇敢为标的！

万国公墓的绿草，虽经了秋雨，还是绿油油的吧。炮声在我们的周围炸裂的作响。还能够容许我们到墓头致悼敬，作默祷么？

永在的温情
——纪念鲁迅先生

十月十九日下午五点钟，我在一家编译所一位朋友的桌上，偶然拿起了一份刚送来的 Evening Post，被这样的一个标题："中国的高尔基今晨五时去世"惊骇得一跳。连忙读了下来，这惊骇变成了事实：果然是鲁迅先生去世了！

这消息像闷雷似的，当头打了下来，呆坐在那里不言不动。

谁想得到这可怕的噩耗竟这样的突然地来呢？

鲁迅先生病得很久了；间歇地发着热，但热度并不甚高。一年以来，始终不曾好好地恢复过；但也从不曾好好地休息过。半年以来，情形尤显得不好。缠绵在病榻上者总有三四个月。朋友们都劝他转地疗养。他自己也有此意。前一个月，听说他要到日本去。但茅盾告诉我，双十节那一天还遇见他在 Isis 看 Dobrovsky；中国木刻画展览会，他也曾去参观。总以为他是渐渐地复原了，能够出来走走了。谁又想得到这可怕的噩耗竟这样突然地来呢？

刚在前几天，他还有信给我，说起一部书出版的事；还附带地说，想早日看见《十竹斋笺谱》的刻成。我还没有来得及写回信。

谁想得到这可怕的噩耗竟这样突然地来呢？

我一夜不曾好好地安心地睡。

第二天赶到万国殡仪馆，站在他遗像的面前，久久的走不开。再一看，他的遗体正在像下，在鲜花的包围里。面貌还是那么清癯而带些严肃，但双眼却永远地闭上了！

我要哭出来，大声地哭，但我那时竟流不出眼泪，泪水为悲戚所灼干了。我站在那里，久久的走不开。我竟不相信，他竟是那样突然地便离我们而远远地向不可知的所在而去了。

但他的友谊的温情却是永在的，永在我的心上，——也永在他的一切友人的心上，我相信。

初和他见面时，总以为他是严肃的冷酷的。他的瘦削的脸上，轻易不见笑容。他的谈吐迟缓而有力。渐渐地谈下去，在那里面你便可以发现其可爱的真挚，热情的鼓励与亲切的友谊。他虽不笑，他的话却能引你笑。和他的兄弟启明先生一样，他是最可谈、最能谈的朋友，你可以坐在他客厅里，他那间书室（兼卧室）里，坐上半天，不觉得一点拘束，一点不舒服。什么话都谈，但他的话头却总是那么有力。他的见解往往总是那么正确。你有什么怀疑、不安，由于他的几句话也许便可以解决你的问题，鼓起你的勇气。

失去了这样的一位温情的朋友，就个人讲，将是怎样的一个损失呢？

他最勤于写作，也最鼓励人写作。他会不惮烦的几天几夜地在替一位不认识的青年，或一位不深交的朋友，改削创作，校正译稿。其仔细和小心远过于一位私淑的教师。

他曾和我谈起一件事；有一位不相识的青年寄一篇稿子来请求他改。他仔仔细细地改了寄回去。那青年却写信来骂他一顿，说被改涂得太多了。第二次又寄一篇稿子来，他又替他改了寄回去。这一次的回信，却责备他改得太少。

"现在做事真难极了！"他慨叹地说道。对于人的不易对付，和做事之难，他这几年来时时的深切的感到。

但他并不灰心，仍然的在做着吃力不讨好的改削创作，校正译稿的事，挣扎着病躯，深夜里，仔仔细细地为不相识的青年或不深交的朋友在工作。

这样的温情的指导者和朋友，一旦失去了，将怎样的令人感到不可补赎之痛呢？

他所最恨的是那些专说风凉话而不肯切实的做事的人。会批评，但不工作；会讥嘲，但不动手；会傲慢自夸，但永远拿不出东西来。像那样的人物，他是不客气的要摈之门外，永不相往来的。所谓无诗的诗人，不写文章的文人，他都深诛痛恶的在责骂。

他常感到"工作"的来不及做，特别是在最近一二年，凡做一件事，都总要快快地做。

"迟了恐怕要来不及了。"这句话他常在说。

那样的清楚的心境，我们都是同样的深切的感到的。想不到他自己真的便是那么快的便逝去，还留下要做的许多事没有来得及做——但，后死者却要继续他的事业下去的！

我和他第一次的相见是在同爱罗先诃到北平去的时候。

他着了一件黑色的夹外套，戴着黑色呢帽，陪着爱罗先诃到女师大的大礼堂里去。我们匆匆地谈了几句话。因为自己不久便回到南边来，在北平竟不曾再见一次面。

后来，他自己说，他那件黑色的夹外套，到如今还有时着在身上。

我编《小说月报》的时候，曾不时地通信向他要些稿子。除了说起稿子的事，别的话也没有什么。

最早使我笼罩在他温热的友情之下的，是一次讨论到"三言"问题的信。

我在上海研究中国小说，完全像盲人骑瞎马，乱闯乱摸，一点凭借都没有，只是节省着日用，以浅浅的薪入购书，而即以所购入之零零落落的破书，作为研究的资源。那时候实在贫乏得、肤浅得可笑，偶尔得到一部原版的《隋唐演义》却以为是了不得的奇遇，至于"三言"之类的书，却是连梦魂里也不曾读到。

他的《中国小说史略》的出版，减少了许多我在暗中摸索之苦。我有一次写信问他《醒世恒言》《警世通言》及《喻世名言》的事，他的回信很快地便来了，附来的是他抄录的一张《醒世恒言》的全目。——这张目录我至今还保全在我的一部《中国小说史略》里。他说，《喻世》《警世》他也没有见到。《醒世恒言》他只有半部。但有一位朋友那里藏有全书。所以他便借了来，抄下目录寄给我。

当时，我对于这个有力的帮助，说不出应该怎样的感激才好。这目录供给了我好几次的应用。

后来，我很想看看《西湖二集》(那部书在上海是永远不会见到的)，又写信问他有没有此书。不料随了回信同时递到的却是一包厚厚的包裹。打开了看时，却是半部明末版的《西湖二集》，附有全图。我那时实在眼光小得可怜，几曾见过几部明版附插图的平话集？见了这《西湖二集》为之狂喜！而他的信道，他现在不弄中国小说，这书留在手边无用，送了给我吧。这贵重的礼物，从一个只见一面的不深交的朋友那里来，这感动是至今跃跃在心头的。

我生平从没有意外的获得。我的所藏的书，一部部都是很辛苦的设法购得的；购书的钱，都是中夜灯下疾书的所得或减衣缩食的所余。一部部书都可看出我自己的夏日的汗，冬夜的凄栗，有红丝的睡眼，右手执笔处的指端的硬茧和酸痛的右臂。但只有这一集可宝贵的书，乃是我书库里唯一的友情的赠予。——只有这一部书！

现在这部《西湖二集》也还在堆在我最宝爱的几十部明版书的中间，看了它便要泫然泪下。这可爱的直率的真挚的友情，这不意中的难得的帮助，如今是不能再有了！

但我心头的温情是永在的！——这温情也永在他的一切友人的心上，我相信。

"九一八"以后，他到过北平一趟，得到青年人最大的热烈的欢迎。但过了几天，便悄悄地走了。他原是去探望他母亲的病去的。我竟来不及去看他。

但那一年寒假的时候，我回到上海，到他寓所时，他便和我谈起在北平的所获。

"木刻画如今是末路了，但还保存在笺纸上。不过，也难说，保全得不会久。"他深思地说道。

他搬出不少的彩色笺纸来给我看，都是在北平时所购得的。

"要有人把一家家南纸店所出的笺纸，搜罗了一下，用好纸刷印个几十部，作为笺谱，倒是一件好事。"他说道。

过了一会，他又道："这要住在北平的人方能做事。我在这里不能做这事。"

我心里很跃动，正想说："那么，我来做吧。"而他慢吞吞地续说道："你倒可以做，要是费些工作，倒可以做。"

我立刻便将这责任担负了下来，但说明搜集而得的笺纸，由他负选择之责。我相信他的选择要比我高明得多。

以后，我一包一包的将购得的笺样送到上海，经他选择后，再一包一包的寄回。

中间我曾因事把这工作停顿了二三个月。他来信说，"这事我们得赶快做，否则，要来不及做，或轮不到我们做。"

在他的督促和鼓励之下，那六巨册的美丽的《北平笺谱》方才得以告成。

有一次，我到上海来，带回了亡友王孝慈先生所藏的《十竹斋笺谱》四册，顺便的送到他家里给他看。

这部谱，刻得极精致，是明末版画里最高的收获。但刻成的年月是崇祯十六年的夏天。所以流传得极少。

"这部书似也不妨翻刻一下。"我提议道。那时，我为《北平笺谱》的成功所鼓励，勇气有余。

"好的，好的，不过要赶快做！"他道。

想不到全部要翻刻，工程浩大无比，所耗也不资，几乎不是我们的力量所及。第一册已出版了，第二册也刻好待印；而鲁迅先生却等不及见到第三册以下的刻成了！

对于美好的东西，似乎他都喜爱。我曾经有过一个意思，要集合六朝造像及墓志的花纹刻为一书。但他早已注意及此了。他告诉我说，他所藏的六朝造像的拓本也不少，如今还在陆续的买。

他是最能分别得出美与丑，永远的不朽与急就的草率的。

除了以朽腐为神奇，而沾沾自喜，向青年们施与毒害的宣传之外，他对于古代的遗产，决不歧视，反而抱着过分的喜爱。

他曾经告诉过我，他并不反对袁中郎；中郎是十分方巾气的，这在他文集里便可见。他所厌弃，所斥责的乃是只见中郎的一面，而恣意鼓吹着的人物。

京平刚从鲁迅先生那里得到最大的鼓励。他感激得几乎哭出来。但想不到鲁迅竟这样突然地过去了！

第三天，我在万国殡仪馆门口遇见他；他的嘴唇在颤动，眼圈在红。

从万国公墓归来后，他给我一封信道："我心已经分裂。我从到达公墓时，就失去了约束自己的力量，一直到墓石封合了！我竟痛哭失声。先生，这是我平生第一痛苦的事了，他匆匆地瞥了我一眼，就去了——"

但他并没有去。他的温情永在我的心头——也永在他的一切友人的心上，我相信。

回忆早年的瞿秋白

秋白遇害于一九三五年六月十八日。在他遇害之前的四五年我们已经不大见面了。偶然见了一面，我也从来不去打听他的住处，甚至有几次在街头遇到了，他戴着鸭舌帽，帽檐低压着眉梢，坐着洋车，疾驰而过，我们只是彼此望了一下，连招呼也不打。

在现在虽然是隔了近二十年，秋白的瘦削而苍白的脸，带着很浓厚的常州口音的谈吐，还是活生生地活在我的心上，活在所有他的朋友们、同志们的心上。

秋白和我的岁数不相上下（他生于一八九九年）。在五四运动的前后，我们都不过是二十岁左右的青年，而他却显得十分的老成持重颇有些老大哥的样子，好些问题，我们不能解决的，总要请教到他。他的筹划和见解都不像是一个二十岁左右的青年人。他是那么早熟而干练！

他的早年的环境很不好。在北平念书的时候，是寄居在一位他的堂房哥哥的家里。这位哥哥在外交部做一个小官，生活也不怎么充裕。不过，我常到他住的房子里，觉得房子收拾得很干净，明窗净几，笔砚罗列；靠墙摆了一排书架。架上的书，有哲学的，有古文学的，那时，我见了颇觉深奥，有点不容易了解。他还会刻图章，听懂得的人说，他对于刻印的一道，功夫很深。他对于古文学的修养远比我和同时的许多朋友们高深的。

那时，常聚在一起的朋友们，有耿济之、瞿世英、许地山、秋白和我，还有济之的弟弟式之等六七人。为了我们全都住在东城，为了兴趣的关系，我们在无形中竟形成了一个集团。我们虽然不在同一个学校读书，但彼此往返得比同学亲热得多。

我那时也是寄居在叔父的家里，有点像清教徒的样子，不抽烟，不喝酒，生活异常的刻苦，不论多远的路，总是步行，反对坐洋车，绝对的不穿绫着缎，不问冬夏，老是布长衫一袭。秋白、济之他们就显得比我阔绰得多。我记得，秋白那时已经吸上了纸烟，烟瘾很大。手指上都染得黄黄的。也会喝酒了，而且喝得相当的多，酒量很不小。这些，都叫我吃惊而羡慕。我当时觉得，他的生活经验比我是丰富得多了。

北平的青年会会所在东城。我常到会所里去看书——虽然我不是一个会员，更不是一个教徒。秋白、济之他们也常去，地山和世英，因为在盔甲厂燕京大学念书的关系，和青年会的交往，经常是密切的。这时，青年会的干事是一位美国人步济时。他是研究社会学的，思想相当的进步，而且也很喜欢文学。在青年会小小的图书室里，陈列得最多的是俄国文学名著的英文译本和关于社会学和社会问题的书。我开始接触着托尔斯泰、柴霍甫、高尔基几位的小说和剧本。而秋白和济之在俄文专修馆里也正读着托尔斯泰和柴霍甫。他们从俄文开始译托尔斯泰的短篇小说，我却从英文译本重译柴霍甫的剧本。我们那时候对于俄国文学是那么热烈地向往着，崇拜着，而且是具着那么热烈地介绍翻译的热忱啊！我们第一次得到的稿费，记得都是翻译俄国的作品的稿费。秋白和济之合译了一本《托尔斯泰短篇小说集》交给共学社，由商务印书馆出版，这是第一部的译本。我编的《俄国戏曲集》，其中有秋白、济之，我自己，还有好几位俄专的同人们所译的剧本，也交给了共学社，不久，也由商务出版了。

青年会想出版一个青年读物。一本周刊，找着我们几个人谈着编辑的事。我们就组织了一个编辑委员会，秋白、济之、世英、地山和我，共五个人。经理部的事务，由青年会的一位学生干事负责，我负责编辑和校对的事。这周刊，定名为《新社会》。我们经常地讨论着编辑方针；这些会议，在秋白寓所举行的不少。为的是他身体不好，有肺病的征候，而且晚上失眠，早上起不来。我们到了的时候，他每每是还坐在床上，也就拥被而谈，滔滔不绝。他的见解是很正确的。我们不能不细细地倾听他的意见。

后来，《新社会》被北方的军阀封闭了，我们的经理也被捕下狱。幸而，是青年会的刊物，被捕的经理很快就被释放出来。我们愤慨极了！特别是秋白，主张非再接再厉地干下去不可。我们立刻和青年会方面商量着，想要继续再出一种刊物。好容易说动了他们，决定再出一种月刊——为的是，他们怕周刊太尖锐了，不如出月刊——经过了短期的筹备，这个定名为《人道》的月刊第一期出版了。这个《人道》月刊，主要的推动力是秋白。他是那么勇敢而兴奋地工作着。可惜，第二期快要编成，而因为经费来源的关系——主要的还是青年会方面害怕了——竟不能继续地出版下去。

在五四运动的时候，我们不是发难者；打"赵家楼"的一幕，我们没有参加。可是，我们都代表着我们的学校参加了学生会。秋白和济之都是俄专的代表。世英是燕大的代表。我是铁路学校的代表。我们是随时有被逮捕的危险的。开会的时间和地点都很秘密。秋白有一次在路上走着，被暗探跟上了，差一点没被捉去。

李守常先生在北大图书馆的时候，秘密地主持着一个"社会主义研究会"（？）的组织。这是一个社会主义者们的联合阵线；有共产党、有基尔特社会主义者（郭梦良等），还有我们，秋白和我是对社会主义有信仰而没有什么组织的人。经常的在北大图书馆和教室里开会。相当的秘密。守常先生尤其谨慎小心。在开会之前，必须到室外巡视一周，看看有没有什么可疑的人物在左近。但这个"会"，很快就结束了，一来是，为了环境更劣恶下去的关系；二来是，联合阵线显得不太联合，而共产党需要一个更严密的组织。

我们组织了一个研究文学的团体，名为"文学研究会"，我们五个人都是发起的人。

就在这个时候，秋白有一个很好的机会到苏联去。北平的晨报社，一个"研究系"的机关报纸，要派遣几位记者到欧洲去。他们决定了派遣俞颂华、李宗武和秋白三位，先到苏联。俞颂华和李宗武二位后来到德国去。秋白始终留在苏联。这次的出国，奠定了秋白的思想路线，也使他成为一位最坚强的共产党的斗士。

他的通讯继续在《晨报》上发表，犀利的笔锋，正确的报道，震撼着当时的读者群。后来集为一本《新俄游记》交给我，作为一本"文学研究会丛书"在商务出版。

他回国以后，行踪就没有一定了；他的《赤都心史》也是"文学研究会丛书"之一，我记得，这部书还是原稿，不曾在报纸上发表过。那时候，《晨报》上已不登载他的通信了。不久之后，连《赤都心史》和《新俄游记》也都被军阀们禁止发售了。

就在他做着党的工作，而行动相当秘密的时候，他还替我的《俄国文学史》写了最后的关于苏联文学的一章。关于这部分的材料，在那时候，我自己是一点也找不到的。

虽然从此以后，见面的机会极少，也就从此天人永隔，可是他的声音笑貌，一闭眼还是如在目前的。

忆六逸先生

谢六逸先生是我们朋友里面的一个被称为"好人"的人，和耿济之先生一样，从来不见他有疾言厉色的时候。他埋头做事，不说苦、不叹穷、不言劳。凡有朋友们的委托，他无不尽心尽力以赴之。我写《文学大纲》的时候，对于日本文学一部分，简直无从下手，便是由他替我写下来的——关于苏联文学的一部分是由瞿秋白先生写的。但他从来不曾向别人提起过。假如没有他的有力的帮忙，那部书是不会完成的。

他很早的便由故乡贵阳到日本留学。在早稻田大学毕业后，就到上海来做事。我们同事了好几年，也曾一同在一个学校里教过书。我们同住在一处，天天见面，天天同出同入，彼此的心是雪亮的。从来不曾有过芥蒂，也从来不曾有过或轻或重的话语过。彼此皆是二十多岁的人。——我们是同庚——过着很愉快的生活，各有梦想，各有致力的方向，各有自己的工作在做着。六逸专门研究日本文学和文艺批评。关于日本文学的书，他曾写过三部以上。有系统地介绍日本文学的人，恐怕除他之外，还不曾有过第二个人。他曾发愿要译紫式部的《源氏物语》，我也极力怂恿他做这个大工作。后来不知道为什么他竟没有动笔。

他和其他的从日本留学回来的人，显得落落寡合。他没有丝毫的门户之见。他其实是外圆而内方的。有所不可，便决不肯退让一步。他喜欢和谈得来的朋友们在一道，披肝沥胆，无所不谈。但遇到了生疏些的人，他便缄口不发一言。

我们那时候，学会了喝酒，学会了抽烟。我们常常到小酒馆里去喝酒，喝得醉醺醺的回来。他总是和我们在一道，但他却是滴酒不入的。有一次，我喝了大醉回来，见到天井里的一张藤的躺椅，便倒了下去，沉沉入睡。不知什么时候，被他和地山二人抬到了楼上，代为脱衣盖被。现在，他们二人都已成了故人，我也很少有大醉的时候。想到少年时代的狂浪，能不有"车过腹痛"之感！

我老爱和他开玩笑，他总是笑笑，说道："就算是这样吧。"那可爱的带着贵州腔的官话，仿佛到现在还在耳边响着。然而我们却再也听不到他的可爱的声音了！

我们一直同住到我快要结婚的时候，方才因为我的迁居而分开。

那时候，我们那里常来住住的朋友们很多。地山的哥哥敦谷，一位极忠厚而对于艺术极忠心的画家，也住在那儿。滕固从日本回国时，也常在我们这里住。六逸和他们都很合得来。我们都不善于处理日常家务，六逸是负起了经理的责任的。他担任了那些琐屑的事务，毫无怨言，且处理得很有条理。

我的房里，乱糟糟的，书乱堆，画乱挂，但他的房里却收拾得整整有条，火炉架上，还陈列了石膏像之类的东西。

他开始教书了。他对于学生们很和气，很用心地指导他们，从来不曾显出不耐烦的心境过。他的讲义是很有条理的。写成了，就是一部很好的书。他的《日本文学史》，就是以他的讲义为底稿的。他对于学生们的文稿和试卷，也评改得很认真，没有一点马虎。好些喜欢投稿的学生，往往先把稿子给他评改。但他却从不迁就他们，从不马虎的给他们及格的分数。他永远是"外圆内方"的。

曾经有一件怪事，发生过。他在某大学里做某系的主任，教"小说概论"。过了一二年，有一个荒唐透顶的学生，到他家里，求六逸为他写的《小说概论》做一篇序，预备出版。他并没有看书，就写了。后来，那部书出版了，他拿来一看，原来就是他的讲义，差不多一字不易。我们都很生气。但他只是笑笑。不过从此再也不教那门课程了。他虽然是好脾气，对此种欺诈荒唐的行为，自不能不介介于心，他生性忠厚，却从来不曾揭发过。

他教了二十六七年的书，尽心尽责的。复旦大学的新闻学系，由他主持了很久的时候。在"七七"的举国抗战开始后，他便全家迁到后方去。总有三十年不曾回到他的故乡了，这是第一次的归去。他出来时是一个人，这一次回去，已经是儿女成群的了。那么远迢迢的路，那么艰难困顿的途程，他和他夫人，携带了自十岁到抱在怀里的几个小娃子们走着，那辛苦是不用说的。

自此一别，便成了永别，再也不会见到他了！胜利之后，许多朋友们都由后方归来了，他的夫人也携带了他的孩子们东归了，但他却永远永远地不再归来了！他的最小的一个孩子，现在已经靠十岁了。

记得我们别离的时候，我到他的寓所里去送别。房里家具凌乱地放着，一个孩子还在喂奶，他还是那么从容徐缓地说道："明天就要走了。"然而，我们的眼互相地望着，各有说不出的黯然之感。不料此别便是永别！

他从来没有信给我，——仿佛只有过一封信吧，而这信也已抛失了——他知道我的环境的情形，也知道我行踪不定，所以，不便来信，但每封给上海友人的信，给调孚的信，总要问起我来。他很小心，写信的署名总是用的假名字，提起我来，也用的是假名字。他是十分小心而仔细的。

他到了后方，为了想住在家乡之故，便由复旦而转到大夏大学授课。后来，又在别的大学里兼课，且也在交通书局里担任编辑部的事。贵阳几家报纸的文学副刊，也多半由他负责编辑。他为了生活的清苦，不能不多兼事。而他办事，又是尽心尽力的，不肯马虎，所以，显得非常的疲劳，体力也日见衰弱下去。

生活的重担，压下去，压下去，一天天地加重，终于把他压倒在地。他没有见到胜利，便死在贵阳。

他素来是乐天的，胖胖的，从来不曾见过他的愤怒。但听说，他在贵阳时，也曾愤怒了好几回。有一次，一个主省政的官吏，下令要全贵阳的人都穿上短衣，不许着长衫。警察在街上，执着剪刀，一见有身穿长衫的人，便将下半截剪了去。这个可笑的人，听说便是下令把四川全省靠背椅的靠背全部锯了去的。六逸愤怒了！他对这幼稚任性，违抗人民自由与法律尊严的命令不断地攻击着。他的论点正确而有力。那个人结果是让步了，取消了那道可笑的命令。六逸其他为了人民而争斗的事，听说还有不少。这愤怒老在烧灼着他的心。靠五十岁的人也没有少年时代的好涵养了。

时代迫着他愤怒、争斗，但同时也迫着他为了生活的重担而穷苦而死。

这不是他一个人所独自走着的路。许多有良心的文人们都走着同样的路。

我们能不为他——他们——而同声一哭么？

丰子恺和他的漫画

——《子恺漫画》序

　　中国现代的画家与他们的作品，能引动我的注意的很少，所以我不常去看什么展览会，在我的好友中，画家也只寥寥的几个。近一年来，子恺和他的漫画，却使我感到深挚的兴趣。我先与子恺的作品认识，以后才认识他自己。第一次的见面，是在《我们的七月》上。他的一幅漫画《人散后，一钩新月天如水》，立刻引起我的注意。虽然是疏朗的几笔墨痕，画着一道卷上的芦帘，一个放在廊边的小桌，桌上是一把壶，几个杯，天上是一钩新月，我的情思却被他带到一个诗的仙境，我的心上感到一种说不出的美感，这时所得的印象，较之我读那首《千秋岁》（谢无逸作，咏夏景）为尤深。实在的，子恺不惟复写那首古词的情调而已，直已把他化成一幅更足迷人的仙境图了。从那时起，我记下了"子恺"的名字。佩弦到白马湖去，我曾向他问起子恺的消息。后来，子恺到了上海，恰好《文学周报》里要用插图，我便想到子恺的漫画，请愈之去要了几幅来。隔了几时，又去要了几幅来。如此的要了好几次。这些漫画，没有一幅不使我生一种新鲜的趣味。我尝把他们放在一处展阅，竟能暂忘了现实的苦闷生活。有一次，在许多的富于诗意的漫画中，他附了一幅《买粽子》，这幅上海生活的片段的写真，又使我惊骇于子恺的写实手段的高超。我既已屡屡与子恺的作品相见，便常与愈之说，想和子恺他自己谈谈。有一天，他果然来了。他的面貌清秀而恳挚，他的态度很谦恭，却不会说什么客套话，常常讷讷的，言若不能出诸口。我问他一句，他才质朴地答一句。这使我想起四年前与圣陶初相见的情景。我自觉为他所征服，正如四年前为圣陶所征服一样。我们虽没有谈很多的话，然我相信，我们都已深切地互相认识了。隔了几天，我写信给他道："你的漫画，我们都极欢喜，可以出一个集子么？"他回信道："我这里还有许多，请你来选择一下。"一个星期日，我便和圣陶、愈之他们同到江湾立达学园去看画。他把他的漫画一幅幅立在玻璃窗格上，窗格上放满了，桌上还有好些。我们看了这一幅又看了那一幅，震骇他的表现的谐美与情调的复杂，正如一个贫窭的孩子，进了一家无所不有的玩具店，只觉得目眩五色，什么都是好的。我道："子恺，我没有选择的能力，你自己选给我吧。"他道："可以，有不好的，你再拣出吧。"这时，学园里的许多同事与学生都跑进来看。这个小小的展览会里，充满了亲切、喜悦与满足的空气。我不曾见过比这个更有趣的一个展览会。当我坐火车回家时，手里挟着一大捆的子恺的漫画，心里感到一种新鲜的如占领了一块新地般的愉悦。回家后，细细把子恺的画再看几次，又与圣陶、雁冰同看，觉得实在没有什么可弃的东西，结果只除去了我们以为不大好的三幅——其中还有一幅是子恺自己说要不得的——其余的都刊载在这个集子里，排列的次序，也是照子恺自己所定的。

程及和他的水彩画
——《程及水彩画集》序

一个艺术家的成功，多半要靠自己的辛苦工作。所谓："天才包含九分苦作，一分灵感"，确是不易之论。绘画为艺术部门中需要更多的苦作的艺术。我尝在巴黎参观罗丹博物院及恩那博物院等处，见罗丹及恩那写一幅名作之成功，不知要耗费多少的尝试与苦辛。每一幅名画，都不是即兴之作，更不是挥毫即成的东西。在数十百幅的底稿里，一线条，一姿态，均曾经作者绞尽脑力，惨淡经营着。然后才能由这数十百幅的底稿里，精心在意地选出一二幅最满意者作为绘彩的底稿。这功夫是无异于化学家之实验一种新的化合物，医学家之发现一个新的病菌的。所谓"对客挥毫"的一类把戏，实为中国画所以沉沦于九渊之下而不能自拔的根本原因。中国画在唐宋时代无不以苦作。元代文人画盛行，始有即兴的小景与乎无根之兰，古拙之梅等等的画页。然大画家辈仍自有其刻意经营之作。所谓笔墨山水，拳石小竹及兰梅之类，乃是文人寄托之所在；美人香草，高歌当哭，其寄托民族之恨于残山剩水之间的情怀，正不下于屈子之赋《离骚》，渊明之作《桃花源记》也。后人未悟其旨，乃妄以为斯途甚易，群趋于此种文人画的拟作。于是即兴之作，遂占领了整个中国的画坛，"院画"作者的精神，扫地以尽，自西洋画作风灌输进来之后，画坛的风尚为之一变。从基本习作做起的精神渐为艺人所重视，文人画的狂潮曾有一时为之抑低不少。不幸，为时不久，而西洋画作家辈乃复多数改弦重张，仍迷恋于即兴的文人画之作，近且此风益炽，人人避难就易，安于急就，中国画坛的前途岂可复问乎？"挽狂澜于既倒，障百川而东之"，正所望于诸青年画家。然非有过人之才识，刻苦之精神者殆不足以语此。友人程及君喜作画。独有远见特识，不避艰苦，专习西洋画。

众醉独醒，诚可谓为豪杰之士也，程君日挟画具，随处写生。然尝举行两次个展，而所陈列的画幅却只是数十幅之精品，可知程君选择之精严慎重。今程君复择其最精者十六幅，编为一册，复印行世。题材不离上海社会的众生相，亦间有静物写生，然其清新豪迈之作风，已足雄视一时矣。我一遍一遍地欣赏，惟恐其尽，但觉其少，不足以餍我心。然而画坛风尚之转变，此册的印行，必当有若干影响也。偶有所感，聊为之序。

记吴瞿安先生

　　我们对于终身尽瘁于教育事业，志不旁骛，心无杂虑的人，应该特别地致敬意。自中国教育制度改革以来，这样诚笃忠恳的教员们，所在多有，但更多的却是借了做教员为"登龙之术"，为阶梯，为过渡，为暂时的安身之地，一有机会，便飞了开去。吴瞿安先生是一位终身尽瘁于教育事业的人。他从来没有离开过他的岗位。他从二十七岁（宣统二年）任职于存古学堂起始，在南京第四师范教了一年，在上海民立中学教了四年，在北京大学教了六年，在南京东南大学教了近五年，在上海光华大学及南京中央大学两校兼教了两年，在南京中央大学教了七年，直至民国二十六年卢沟桥事变起来后，始避寇西迁，不复以舌耕为业。他自汉口转寓湘潭，再迁桂林，转至昆明，于二十八年三月十七日卒于云南大姚县李族屯，年五十六。没有多少人像他那样的专心一志于教育事业的。他教了二十五年的书，把一生的精力全都用在教书上面。他所教的东西乃是前人所不曾注意到的。他专心一志地教词、教曲，而于曲，尤为前无古人，后鲜来者。他的门生弟子满天下。现在在各大学教词曲的人，有许多都是受过他的熏陶的。

　　教词的人，在北方有刘毓盘先生；教曲的人却更少了。在三十年前，曲是绝学。王国维先生写过《宋元戏曲史》，写过《曲录》，但他不曾教过曲。他是研究"曲史"的，对于"曲律"一类的学问，似乎并不曾注意过。瞿安先生却兼长于"曲史"与"曲律"。他自己会唱"曲"，会谱"曲"。在今日，能谱"曲"的人恐怕要成为"广陵散"了。

　　二十多年前，我还不曾和瞿安先生相识。有一次，和几位朋友游天平山，前面有一只船，在缓缓地荡着，有一个人和着笛声在唱曲，唱得高亢而又圆润。一位朋友道："瞿安先生在前面船上呢。""是他在唱么？""是的。"因为我们这只船也是缓缓地荡的，始终没有追上，所以我们没有见面。

后来，我到南京去访"曲"，才拜访瞿安先生。我们谈得很起劲。又一次，我到苏州去找他，在他书房里翻书，见到了不少异书好曲。他从来不吝惜任何秘本。他很殷勤地取出一部部的明刊传奇来。我有点应接不暇。我们一同喝着黄酒，越谈越起劲。他胸中一点城府也没有，爽直而恳挚。说到后来，深以这"绝学"无后继者为忧。他说道："我几个孩子，都不是研究曲子的。"言下仿佛"深有憾焉"似的。但我后来知道，他有一位世兄，也是会唱曲的。有人说他会使酒骂座。这不尽然。他喝了酒，牢骚更多是实在的，但并没有"狂书生"的习气。我们说起董康刻的《咏怀堂四种曲》。他说："原本在我这里呢，董刻妄改妄增的地方不少。我一定要发其覆。"原本很模糊，是很后印的本子了，所以董刻本便大加改动。我很高兴瞿安先生能够加以纠正。可惜他后来始终没有动笔。这本子不知乱后尚在人间否。此志一定要有人完成他才好。

我向他借了好多明刊本传奇照了相，还借了他的一批《周宪王杂剧》的原刻序跋，这些序跋他印《奢摩他室曲丛》时还没有得到，所以不曾印入，他都慨然地允诺了。如果没有他这一批序跋，我对于《周宪王杂剧》的研究是不会完成的。

"一·二八"倭变时，他的《奢摩他室曲丛》三四集虽已印好，却全部毁失，连带把他待印的若干珍贵曲本也都烧掉。这不是金钱所能赔偿的。事后他给我一封信道："曲者不祥之物也。"可以说是"伤感"之至了！然而他并不灰心。有好曲，他还是要收罗。他见到我的唐英《古柏堂传奇》和《青楼韵语》都借了去抄。他的曲子还保存得不少。他仍然在中央大学教他的词曲。他在这时期，为我的《清人杂剧二集》写了一篇序。

我们并没有见过多少次面，但彼此的心是相印的。不仅对于我，对于一切同道者，他都如此。他把所藏的善本曲子，一无隐匿地公开给他的学生们。友人任中敏、卢冀野二先生都是研究"曲子"的，得他的助力尤多。中敏在北大，冀野在中大，都是听他的课的。有许多教授们，特别是在北方的，都有一套"杀手锏"，绝对不肯教给学生们。但瞿安先生却坦白无私，不知道这一套法术。他帮助他们研究，供给他们以他全部的藏书，还替他们改词改曲。他没有一点秘密，没有一点保留。这不使许多把"学问"当作私产、把珍奇的"资料"当作"独得之秘"而不肯公开的人感到羞愧么？假如没有瞿安先生那么热忱地提倡与供给资料，所谓"曲学"，特别是关于"曲律"的一部分，恐怕真要成为"绝学"了。王静安先生走的是"曲史"一条路，但因为藏曲不多，所见亦少，故于明清戏曲史便没有什么大贡献。他的《曲录》，是一部黎明期的著作，而不是一部完美无疵的目录。至于瞿安先生则对于此二代的戏曲及散曲，搜罗至广；许多资料都是第一次才被发现的。经过他加以选择与研讨之后，泥沙和珠玉方才分别了开来。我们研究戏曲和散曲，往往因为不精曲律，只知注意到文辞和思想方面，但瞿安先生则同时注意到他们的合"律"与否。因之，他的批评便更为严刻而深邃。

他的藏书，除曲子以外，还有不少明版书。他榜其书斋曰百嘉室，意欲集合一百种明嘉靖刊本于此室；但似乎因为力量不够，一百种的嘉靖刊本始终没有足额。当他西迁时，随身携带了好几箱的书去，其中当然以曲子书为最多。其余的书都还藏在苏寓。经此大劫，好像还不曾散失。在滇的书，则已由他的学生们在清理编目。这一批宝藏是瞿安先生一生精力之所聚，最好能够集中在一处，由国家加以保存，庋藏在某一国立图书馆，或北京大学或中央大学图书馆中，特别的设一纪念室（或即名为"百嘉室"吧）以作瞿安先生的永久的纪念。这个提议，我想他的朋友们和学生们一定会赞成而力促其实现的。已印的《奢摩他室曲丛》第一集和第二集，仅不过是瞿安先生所藏的精本的一小部分。其他重要的资料还很多；一旦公开了，对于研究曲子的人，一定是很有作用的。而于瞿安先生一生坦白无私，不以资料为己有的精神，也更能够发挥而光大之。

瞿安先生早年曾写了不少剧本：杂剧有《暖香楼》，写《板桥杂记》所载姜如须与李十娘事；《落茵记》，写一女学生堕落的事；《无价宝》，为祝秉纲题黄尧圃《鱼玄机诗思图》而作，"宋廛觞咏，不过陈藏家故实"而已；《惆怅爨》为《四声猿》型的北曲，凡五折，演四个故事，一为《香山老放出杨枝妓》，二为《湖州守乾作风月司》（二折），三为《高子勉题情国香曲》，四为《陆务观寄怨钗凤词》；《轩亭秋》，记秋瑾被杀事，仅见楔子一套。传奇有《苌弘血》（未见传本），写戊戌政变事；《风洞山》，写明末瞿忠宣尽节事；《东海记》，写孝女殉姑被诛事；《双泪碑》，写汪柳依事；《绿窗怨记》，为一言情之作。又有《白团扇》及《义士记》，俱未见传本。后又将《暖香楼》改写，易名为《湘真阁》，曾见伶人演唱，但在中年以后，他却不曾有过什么新作。

他的剧本有一个特色，便是鼓吹民族主义，大都写于清末，为那时候的民族革命者作鼓吹宣传之用，像《苌弘血》《暖香楼》《轩亭秋》和《风洞山》全都是的。他尽了他那个时代的一个革命者的任务。这与他的慷慨激昂的性情很相合的。凡是一个性情真挚、坦白的人，殆无不是走在时代之前或与时代一同迈步前进的。虽他所用的工具是南北曲，是不大能够演奏的昆腔，然而他是尽了他的一分责任的。

他的《霜厓曲录》《霜厓词录》及《霜诗录》，也多慷慨激昂之作。

他很早便写了一部《词馀讲义》和《顾曲尘谈》及《奢摩他室曲话》。后来又写了《词学通论》《曲学通论》《中国戏曲概论》《元剧研究ABC》《南北词简谱》诸书。而于《南北词简谱》用力尤深。他所选编的书则有《古今名剧选》《曲选》及《奢摩他室曲丛》初二集。对于曲史的研究，曲律的探讨，资料的传布，他都尽了很大的心力。从前鄞县姚梅伯（燮）也对曲子很用心，曾作了一部《今乐考证》，选了一部《新乐府选》，但总没有他那么于曲子的各方面无不接触到，而且无不精研深究的。

他名梅，字瞿安（瞿一作臞或癯），一字灵鹣，号霜厓，吴县人（原为长洲县学诸生，民国后长洲并入吴县）。清末，尝两应江南乡试，不中，即弃去。一游河南，入河道曹某幕，不久，也就南归。自此，便以教学为终生的事业。

忆愈之

愈之姓胡氏，名学愚，上虞人，是一个苦学出身的学者。曾经相信过无政府主义，提倡过世界语，创导过写别字运动。他身材矮小，组织的能力却极强。我们在二十九年里，没有间断过一天的友谊。我们还同事过七八年，几乎天天在一起。我从来没有见过他有脸红耳赤的情形发生，他永远是心平气和的，永远是和蔼明朗的，只除了一次，他曾经受过极深刻的刺激，态度变得异常的激昂而愤慨。

那一次是清党的事件刚发生，他走过宝山路，足下踏着一堆的红血，竹篱笆旁，发现了好些被杀的尸身。他气促息急地跑到了商报馆，立刻便草拟致几位党国元老的代电。这是他从"编辑室"的生活转变到政治活动的开始，也是他从一个无政府主义者变成了一个实际行动者的开始。

他从巴黎经由莫斯科回国，使他思想变动了不少。他写了一本很有名的《莫斯科印象记》，似较秋白的《赤都心史》尤得读者的赞颂。

我在北平教书的时候，他在上海正和宋庆龄、杨杏佛诸位从事于济难会的工作。他始终站在一个人道主义者的立场上，反对暴力，反对杀戮。

"九一八"事件后，他成了最热忱的抗日家。他主编着复刊后的《东方杂志》，使这古老的定期刊物放射出异常焕烂的光彩。然终于不为那古老的出版家所容，他不得不辞职以去。

他为开明书店主持《月报》的编辑，这是中国杂志界的一个创格的刊物。

他为生活书店创办《世界知识》，尽了不少介绍国际新闻和常识的功能。这杂志的性质，也是空前未有的。

他决定着《文学》的创刊，《太白》的出版，《中华公论》的编辑，《文学季刊》和《世界文库》的发行。最生气蓬勃的生活书店的一段历史乃是愈之所一手造成的。

《鲁迅全集》的编印出版，也是他所一力主持着的，在那样人力物力缺乏的时候，但他的毅力却战胜了一切，使这二十巨册的煌煌大著能够在很短的时间内印出。

伟大悲壮的鲁迅葬礼的举行，也是他在策动着的。

他团结了许多不同阶层、不同职业的人物，做着救国运动，这运动的人物们在上海曾发生了很大的作用，直到"十二月八号"的珍珠港事件发生后才解体。

他组织了许多有力的刊物与团体，但从来不把持着他们；他总是"功成身退"的。除了几个最亲密的友朋们以外，外边的人没有一个知道他是那些刊物和团体的真正发动者和主持者。

他的眼光是那样的远大，他的见解是那样的明晰，他的思想是那样的彻底，他的心胸是那样的博大，人家被包罗在内而往往尚不自知。

他宽恕，他忠厚恳挚，对于一切同道的人，他从来没有一句"违言"，没有一点不满的批评。但他却坚定忠贞，从来不肯退让一步，从来不曾放弃过他自己所笃信的主张和立场，无论在什么环境之下。在朋友们里，能够像他那样的伟大而兼收并蓄，包罗万象的，恐怕只有一位蔡孑民先生可以相提并论吧。

我从来不大预问外事，也最怕开会，但自从见到愈之把银行界的人物和百货公司的主持人也拉来开会以后，我不能不受感动，不能不把自己从"隐居"生活里跳出来了。

"八·一三"的淞沪战争失败以后，他便撤退到内地去。我们见面的机会少得多了。但他在上海一带所留下的影响还是极大。

我们在香港再见到几次。他那时又在那一带组织着很多很重要的事业，像文化供应社便是其一。这个通讯社在国际宣传上有了很大的效果。

自此以后，我们便不再相见了。

珍珠港事件发生后，他和沈兹九、陈嘉庚都在新加坡。那时他正有计划的想在南洋一带发展一部分的事业。新加坡陷落后，对于他的安全，我和许多朋友们都特别的牵念着。有过种种不同的传说。

过了一年，他忽来了一张名片（当然是用的假姓名），说他是平安着。这使我们十分地兴奋和安慰。

日本投降的时候，从内地来的消息，说愈之已经在南洋病故。我不肯相信这悲惨的噩耗。像愈之那样的人，我总相信他是不会便这样的死去的。但消息渐渐地被证实了。听说《中学生》曾经出版过一个纪念他的专号。

难道愈之果真这样的便死去了么？我还是不能相信，不肯相信！

在无数的殉难死亡的朋友们里，没有比愈之的失去，更使我伤心难受的了！

温和敦厚、信仰坚定的愈之，如果失去了，将是国家怎样大的损失呢？有多少的建国的工作正在等候着他来组织，来专心一志地干着！他如果失去了，对于这些工作的事业，将有怎样大的影响呢？

我还是不相信他的病故的消息。但愿这只是"海外东坡"般的误传！

我祈祷着愈之的安健！为我们的国家也为许多的朋友们！

一位最好的先驱

杨贤江先生的体格，在我们的朋友们里，本出群拔萃的壮健。他的高大的骨架，他的血色红旺的脸部，他的粗大的手与臂，在在都表示出他是一位身体里一点病状都不会有的人。

他平日又是那么样的注意到保养，和锻炼他自己的身体。在我们的许多朋友们里，知道注意自己身体的保养的，可以说是极少极少；而想要锻炼自己的身体，使之壮健坚刚的，则更为绝无仅有。只有贤江却是不断地在注意到他自己的身体。在离今若干年前（大约总是九年以前的事了），那时，我刚到上海不久，贤江是和我同住的。他住在前楼，我住在亭子间里。我每天早晨起床，总看见贤江在做他的早操。他用的是西式的宽紧运动器，可以扩张呼吸量与增大手臂的筋肉的发达的。我见他把运动器吊在床栏杆上，他立在床头边，双臂在用力地一张一合，身体在用力地一蹲一立，便不觉得要笑出来。

"这有什么用处？"我问他道。

他诚恳地对我详陈身体有锻炼的必要和这种运动器具对于身体的发达与健壮有如何的关系。他那真挚的诚实的语调——他永远是那么真挚的、诚实的，对于一切的事和一切的人——，竟使我深深地感动。我本来怀着不甚有好意的旁观的冷嘲的态度的。经他这样恳切地陈说——他似乎毫不觉察出我的这种态度，——倒使我感到自己是如何的卑鄙与渺小。他如导师似的站在我的面前。他的伟大的纯一的气魄，竟使我有不可逃遁的样子。

"你何妨也试试看呢？有益无损的。自从有了这个运动器以后，我的饭量增大很多了。念书的人总不肯好好的注意到自己的身体，那是不对的。好的精神寓于好的身体。如要有什么成就，则非先好好地注意自己的身体不可。你何妨试试看呢？"贤江说道。

"这话倒不差。我明天也想去买一具这个运动器来试试看。"我最后不得不这样的说。但与其说是被他的词锋所说服，不如说是被他的人格所克服。

最后一次看见他时（大约离那时已是七年以后了），还看见他的那副运动器挂在卧室墙上的一支钉上（那时，我们都已搬了好几次家了），已经是敝坏得不堪再使用的了。

在贤江获得使用这些新式的运动器的方法以前，他是早已存着身体是非注意锻炼不可的信念的了。他曾有一个时期竟相信到《因是子静坐法》一类的东西，且曾在早年的《学生杂志》发表过几篇替因是子张目的文章。但当他察觉到因是子的荒谬时，他便立刻舍弃了他，而去信仰另一种新的方法。

那么精勤不怠地在注意着自己的身体的锻炼的贤江，谁想得到他竟会以犯肺和肾脏的结核而逝去的呢？

他的逝去，我们的人群里，真实地是失去了一位最好的先驱，失去了一位具有真实的伟大的人格的人物了。

"圣人"，那是一个已经过去了的名词，但拿它来形容贤江的崇高纯洁的性格，那他是足以当之无愧的。

"英雄"，那又是一个已经过去了的不甚好听的名词，但拿它来代表贤江的艰苦卓绝的斗争精神，则它也似乎恰恰的好用（用在最好的一方面的字义上）。

他活的时候，整天整夜整月整年地在争斗着。他在为家庭而和饥寒争斗，他在为人类而和过去的恶魔争斗。

在这样的过度地用力地争斗和驰驱里，他竟极不幸地被饥寒窘困而牺牲了！

他的家境是很穷苦的，他很早便是一位"苦学"的学生。他在中学的时代（浙江第一师范），便已是一边读书，一边写文章以维持他的生活的了。那时代，他的文章写得真不少。大多数都在商务印书馆的《学生杂志》上发表，讨论的问题大多是青年的读书问题和修养问题。在其间，可以充分地看出他是一位纯谨的"学人"。——在我的想象里还总以为他是一位老学究似的人物呢，想不到看了面，他竟是一位那么英挺的人物。

大约是为了学生时代的投稿的旧关系吧，所以，当他毕业后，就事于南京，不久，便舍弃了教育界的生活，而到了上海，就《学生杂志》社的编辑之聘。

我们的相识，便在他做着编辑的这个时代。

因为我们是最早的同居，又是座位很相近的同事，所以我们的交往是很密切的。

但在这么关系密切的半年里，我却从不曾和他有过什么极亲切的畅谈。他是那么的恳挚，那么的严肃，那么的一刻不肯白费他的时间，竟使我没有一个可以和他促膝密语的机会。

原来，所谓畅谈，所谓是亲切之感的密谈，总要在一个恰合的时候。即在野马似的奔跑着的闲话里，最容易见出最披肝露胆的意志来。而贤江始终是那么严紧地支配着自己的时间，竟没有机会使我可以有说"废话"的时候——也便是没有"畅谈"的时候。

有一天，在快要黄昏的时候（仿佛还是初夏），太阳红得像野火似的，天上满布着红云，墙角上还爬着半墙日影，饶有活泼的生气。这是一个最好的散步的时候。

我到了贤江的房里。我冒失地问他道："我们出去走走好吗？"——我那时见他是伏在书桌上画写些东西呢。

"我还有事，不能出去，对不起！"他说道。

我抬起头来，看见他案头的墙上贴着一张功课表似的东西，上面有这样的一行："下午五时一六时半，写生活教科书及参考书。"

我感觉到自己的冒失。我没有勇气再说什么话。我很想对他道："何必如此的辛勤呢。放工一天不可以吗？"但我实在没有勇气说出这句话来。

我说道："没有什么。请写你的吧。"说着，我便走出他的房门，下了楼梯。我感到满心满臆的难过。为何我是那样的旷废着自己的时间呢？但同时却有些恨他，那么严肃地把工作时间表看作了铁似的不可移动的纪律；把写画文字的工作，看作了这么慎重巨大的一件事。从此以后，我再也不找他出去。

他在很早的时候起床，一起床，喝牛奶和早操之后，便大声地在念英文。我往往为他的书声所惊醒。有一次，我偶然起得早，去看看他念的书，原来他念的是一部关于心理学的书籍。他天天念，每天据他说，必定要念个三四页。一部三四百页的书，念了半年以上，而且天天在同一的时间念。他是那么贞恒地在遵守着他自己所定的"工作表"！

他并不夸耀他的聪明，他只是朴朴质质地按部就班地走着。他从没有走不到的路，他从没有过失败的事，他从没有半途而废的事业。

我们这里最多的是自作聪明的人，最多的是不肯"按部就班"走着的人，最多的是不肯遵守着铁似的表格式的纪律的人。

我们真该祝福那些极少数的像贤江般的朴质无华的人物！

贤江从事于编辑的生活很久。在工作的时间以外，他也从事于学会的和政党的活动。

在政治运动里，他也显出他的坚贞纯一的崇高的精神来。他信仰着某一种主义的时候，他便为这主义而献身，而奋斗，一点也不退却，一点也不彷徨。他是一个最好的先驱者，最好的工作的人。他服从纪律，他服从命令。我常常的听见人说，某某人分离了，某某人转变了，但贤江却始终是如山岳般的坚定。他似乎只知认定一个大前提而走去。一切小小的纠纷，一切小小的"宦海升沉"，到了他前面便都如飞雪落在热地似的消融了。

他为了做这种政治的活动，便被迫地离开了编辑的生活。但他的编辑的生涯虽然离开了，他却仍是不绝地在著书、译书——常常用的笔名。他仍是天天在写画着原稿纸，为了生计而写。

自从他离开了编辑生活以后，我们见面的时候便很少。但我还常常从报纸上及友朋们的口里知道了他的生涯。他是本着大无畏的精神，在争斗着。曾有一次，在一个最危急的时机里，他还去做一回最盛大的民众大会的主席。

他常常戴着压在眉边的一顶乌帽，还把大衣的领子竖了起来，在街上跑着——为的躲避迫害。有时他便是这样地出入商场，携着小儿女们去买东西。

我们也曾这样的遇见几次。我真为他担心！但我在他的面前，不敢说什么。我觉得我心里如何会具这种卑怯的观念呢？我觉得自己是渺小，是无聊！

他的信仰很坚定，他的理论常是盛水不漏的。他曾用李浩吾的一个笔名，著了一部关于中国教育问题的书。这部书到今日读来，还是一部杰作。在许多的教育论著里，从没有见过那么大胆、那么精密地分析的文字过。

当前三年的时候，我在《小说月报》上发表了一篇《论所谓国学者》，曾攻击着那一批死气沉沉的抱着旧书以为天下之至乐的"学究"们以至"准学究"们。我以为在现在的时代，最重要的事，是抛弃了自己的厌尘界积的旧籍而去从事于西方的新事物、新学问。我们所需要的是专门的学者，而不是什么"上下古今"的学究们。贤江读了这篇文字，写来了一封很恳切的信——这是我们别后最长的通信，他赞成我的意见，但有一个很重要的修正。他以为西方的东西，不一定是完全无毒的；在吸收的时候，我们还该经过一番选择。这封信可惜不曾拿出来发表。

这样的一个真实的伟大的人物损失了，岂但是友朋们的损失而已！这样的人物最难得，至少在我们这个聪明人太多了的国度里，——最容易成为一个热力，一个中心。他的逝去真是一个民族的损失！

附记：我在要写本文之前，恰好接到上海某商业机关出版的一册定期刊物，其中载有一篇追悼贤江的文字。我读了一遍，我不禁愤然，更不禁由愤而悲了。那篇文字简直是可笑之至的卑劣。那位作者简直是没有完全明了贤江的为人和性情，更是完全没有知道人世间在"饭碗"以外还有别的东西！所以我便赶快的将这篇文字写出。

想起和济之同在一处的日子

这几年，连续地丧失了许多好友。地山的死，使我痛苦最甚。我们正在做着一件事，他帮了我许多的忙。而他的死，几乎使那件事付托无人。而想起了三十年前在他铠甲厂宿舍里的纵谈，应和着窗前流水的潺潺，至今犹像在眼前。接着，六逸又在贵阳死了。我们在上海同住在一个宿舍里好几年，且在同一个文化机关里同事了好几年。他是那么刚正不阿，而对于朋友们又是那么慈祥纵容，一团和气。他的温和的语笑，如今也还像在眼前晃着。现在，我又在哭济之了！济之死在沈阳，和六逸一样，都是为了穷，为了工作过度而死的！他太太呜咽地说道："他独自个死在那边，没有一个亲人。入殓时不知穿什么衣服，有没有好好的成殓？"说着，便大哭起来。我伤心得连泪水也被灼干了，一句安慰的话也说不出来。

想起三十年前学生时代终日同在一处的朋友们，经过了这三十年，已经是凋落将尽了。梦良、亦几、秋白、庐隐早已成古人了。地山、济之又死，怎么不令我们几个活在这苦难的世界上的人兴"人生无常"之恸呢？

我和济之认识最早。在五四运动的前一年，我常常到北京青年会看书。那个小小的图书馆里，有七八个玻璃橱的书，其中以关于社会学的书，及俄国文学名著的英译本为最多。我最初很喜欢读社会问题的书。青年会干事美国人步济时是一位很和蔼而肯帮助人的好人。他介绍给我看些俄国文学的书。在那里面，有契诃夫的戏曲集和短篇小说集，有安特列夫的戏曲集，托尔斯泰的许多小说等。我对之发生了很大的兴趣。这小小的图书馆成了我常去盘桓的地方。有一位孔先生，不记得他是哪个学校的学生了，也常去。我们谈得很起劲。他介绍济之给我相识。恰好那时候青年会要办一个学生刊物，便约我和济之几个人来编。同时，还有秋白、菊农、地山几个人，同在这个编委会里。这个刊物定名为《新社会》。我们经常地聚在一起闲谈，很快地便成为极要好的朋友们，几乎天天都见面。我住的地方最狭窄，也最穷。济之和菊农的家，在我们看来，很显得阔气。秋白的环境也不好。他在我们几个人当中，最为老成，而且很富于哲学思想，他读着老子和庄子。地山住在燕大宿舍里，也是我们的一位老大哥，他有过不少的社会经验，在南洋一带，当过中学教员。我们常常带着好奇心，听他叙述南洋的故事和他自己及他一家在台湾的可歌可泣的生活。和他们两个人比起来，济之、菊农和我，简直是还没有见过世面的孩子们。

我们这个集团，很起劲地工作着。我常常很早地起来，从东城步行到琉璃厂附近的一家印刷所里去校对。但过不了几个月，这个刊物便被封闭了，经理某君也被捉去关了好几天才放出来。这是我们遭受到暴力的压迫与摧残。我那个时候，才懂得些世故。济之向来是不大说话的，但那时也很愤慨。我们立刻又计划着出版一个月刊，定名《人道》；在那里，秋白的文章写得最多。但只出版了一期，便因为经济的困难和青年会的怕麻烦，也夭折了。

五四运动爆发了。我们也没有工夫从事于文字工作了。我们这几个人都被选为代表；秋白、济之做了俄专的代表，菊农做了燕大的代表，我也做了我的学校的代表，我们仍是经常地聚集在一处。我们常常在晚上开会，而且总在教会学校里。一个个地溜进去，开会完了，又一个个地溜出来，还要看看背后有没有人跟踪着。有一次，秋白便被侦探们注意跟随了好久。

济之虽沉默寡言，处事却极有条理。在那时候，我们对于文学的兴趣突然大炽。我常常带了书到会场里看。济之有一位前辈叶君办了一个《新中国》杂志，需要些文艺的稿子，他和秋白便开始了俄国文学的翻译工作。我记得他的第一篇译文是托尔斯泰的《家庭幸福》。说来很可怜，那时候的俄专，教的是俄文，却从来不讲什么俄国文学。济之、秋白知道译托尔斯泰的著作，对于俄国文学的源流，却无书可资参考，便托我在英文书里找这一类的材料替他们做注解。我那时所能得到的，也只是薄薄的一本 Bome Library 的《俄国文学史》而已。我自己也从英文里，重译了一篇俄国小说，登载在《新中国》里。这是我第一次由写稿获得稿费的事。记得那时候多么高兴！我午餐向来是以烩老饼或云吞当饭的，那一天却破例叫了两个菜，正式吃了一顿白米饭。大约还花不到五毛大洋吧。在我已是十分的豪奢了。以后，又和蒋百里先生见面，替共学社译了不少俄国文学的名著。济之和秋白合译了《托尔斯泰短篇小说集》，我译了契诃夫的《樱桃园》，后来，济之又译了《复活》和其他的几部大书。他结婚的时候，便是靠《复活》的稿费补助的。

为了对于文学兴趣的浓厚，我们便商量着组织一个文艺协会。第一次开会便借济之的万宝盖胡同的寓所。到会的有蒋百里、周作人、孙伏园、郭绍虞、地山、秋白、菊农、济之和我，还约上海的沈雁冰，一同是十二个人，共同发表了一篇宣言，这便是文学研究会的开始。

高梦旦先生到了北平来，我和济之去找他，预备在商务印书馆出版一个文学杂志。梦旦先生说，还是把《小说月报》改革一下吧。当时便决定由雁冰接办《小说月报》，而由我负责在北京集稿寄去。这时候，地山第一次用落华生的笔名，写他的小说，济之和秋白也为《小说月报》译些俄国小说。

过了半年多，我毕业了，派到上海来服务。济之也毕业了，被派到外交部工作。不久，他便结婚了。又被派到莫斯科使馆里做事。此后十几年，他总在莫斯科和西比利亚一带做着外交官。我们见面的机会很少。但每当他回国的时候，我们总要见面几次，盘桓好几天。他第一次回来时候，和家眷同归；他那时已是两个孩子的父亲了。显得更沉着，更沉默寡言。但他虽做着外交官，他的翻译的工作却从未间断过。许多托尔斯泰、屠格涅夫的大著作都由他介绍到中国来。

不知什么时候，他发现他自己有很严重的心脏病，便请假回国休养。接着，抗战起来了。他住在上海，几次要到内地去。有一次已经到了香港，因为心脏病复发，不能走，便只好又回到上海来。这七八年，我们总聚会在一处。他还是继续不断地做着翻译的工作。他的负担很重。每天都不能不写个两三千字，又计划着要编一部《中俄字典》。

日寇进占租界时，我离开了家，埋名隐姓地住在一个朋友家里。我们总有半年不曾见面。后来，我又找到了他。我们计划着要译些什么以维持生活。当时，便和开明书店商量，他着手译高尔基的几部小说；杜斯妥夫斯基的《白痴》和《兄弟们》两部大著作，也是他在这时候译成的。后来，又替生活书店译了一部高尔基的小说。《中俄字典》也开始着手编写。他是那么起劲而过度工作着。

我们常在开明书店见面，常常以大饼或生煎馒头或烘山芋当午饭。仿佛又恢复了学生时代的生活。在那时候，吃一顿白米饭可真不易！调孚是从家里带了一包炒米粉来，用茶送下去，勉强地吞咽着当作一顿饭。彼此相顾苦笑，但也并不以为苦，觉得这苦是应该吃的！济之在那时还开了一爿旧书店，这是我替他出的主意。然而，根本不能挣钱，不能补助他的生计。不久，这爿店也便关门了。

他本来很胖。然而最近几年来，大约因为过度工作的结果，显著的瘦了下来。他本来很乐观，而最后，也显得十分忧郁。而工作的重担却总是压住他，一刻也不放松，他的负担实在太重了！

胜利了，我们都很喜悦，他也常常显着笑容，做着种种的梦。过了两个多月，他才由他兄弟式之的介绍，飞到重庆，就了东北的长春铁路理事会的总务处长。他如何能做这么烦琐的工作呢？他不曾回上海，便由重庆直飞到沈阳就任。待遇很菲薄，家用还是不够。他写信来，依然要翻译点什么。去年，他请假回来，我们又重聚了一个多月。他更瘦了。自觉心脏病又严重起来，腿有点肿。我们劝他不要再去了。然而，在这里有什么办法可留下他呢？

他在这一个多月的逗留中，总是计划着要译些什么，编些什么。《中俄字典》也依旧继续地编下去，参考书也带去了不少。他走的时候，我因为忙，没有去送他，也没有和他长谈，想不到这一别便永远的见不到他了！

他最后给我的一封信，说起那工作对他的不适宜，想要有机会教书。还谈起他的一位同学韩君死了，留下不少俄文书，遗嘱要卖了维持生活，托我设法。不料，他自己不久也就成了古人了！

回想到三十年来相处的日子，见到他灵前的白烛的发抖的光焰和他宛然犹在的遗容，心里便透过一阵冷战。济之便这样的一瞑不视了么？蓝印的讣闻，正放在桌上，翻开了便见到他的遗容，简直如见到他还坐在我客室里谈着似的，然而他却永远不会再见到了！

多少少年时候的朋友们都这样匆匆地了结了他们的一生，没有见到"太平"，没有享受过应该享受的生活，济之便是一个。他们能够死得瞑目么？呜呼！我不忍再写下去了！

记黄小泉先生

我永远不能忘记了黄小泉先生。他是那样的和蔼、忠厚、热心、善诱。受过他教诲的学生们没有一个能够忘记了他。

他并不是一位出奇的人物；他没有赫赫之名；他不曾留下什么有名的著作，他不曾建立下什么令年轻人眉飞色舞的功勋。他只是一位小学教员，一位最没有野心的忠实的小学教员。他一生以教人为职业。他教导出不少位的很好的学生。他们都跑出他的前面，跟着时代走去，或被时代拖了走去。但他留在那里，永远地继续地在教诲，在勤勤恳恳地做他的本分的事业。他做了五年，做了十年，做了二十年的小学教员，心无旁骛，志不他迁，直到他儿子炎甫承继了他的事业之后，他方才歇下他的担子，去从事一件比较轻松些、舒服些的工作。

他是一位最好的公民。他尽了他所应尽的最大的责任，不曾一天躲过懒，不曾想到过变更他的途程。——虽然在这二十年间尽有别的机会给他向比较轻松些、舒服些的路上走去。他只是不息不倦地教诲着，教诲着，教诲着。

小学校便是他的家庭之外的唯一的工作与游息之所。他没有任何不良的嗜好，连烟酒也都不入口。

有一位工人出身的厂主，在他从绑票匪的铁腕之下脱逃出来的时候，有人问他道："你为什么会不顾生死地脱逃出来呢？"

他答道："我知道我会得救。我生平不曾做过一件亏心的事，从工厂出来便到礼拜堂，从家里出来便到工厂。我知道上帝会保佑我的。"

小泉先生的工厂，便是他的学校，而他的礼拜堂也便是他的学校。他是确确实实的不曾到过第三个地方去；从家里出来便到学校，从学校出来便到家里。

他在家里是一位最好的父亲。他当然不是一位公子少爷，他父亲不曾为他留下多少遗产。也许只有一所三四间屋的瓦房——我已经记不清了，说不定这所瓦房还是租来的。他的薪水的收入是很微小的。但他的家庭生活很快活。他的儿子炎甫从少是在他的"父亲兼任教师"的教育之下长大的。炎甫进了中学，可以自力研究了，他才放手。但到了炎甫在中学毕业之后，却因为经济的困难，没有希望升学，只好也在家乡做着小学教员。炎甫的收入极小，对于他的帮助当然是不多。这几十年间，他们的一家，这样的在不充裕的生活里度过。

但他们很快活。父子之间，老是像朋友似的在讨论着什么，在互相帮助着什么。炎甫结了婚。他的妻是我少时候很熟悉的一位游伴。她在他们家里觉得很舒服。他们从不曾有过什么不愉快的争执。

小泉先生在学校里，对于一般小学生的态度，也便是像对待他自己的儿子炎甫一样；不当他们是被教诲的学生们，不以他们为知识不充足的小人们；他只当他们是朋友，最密切亲近的朋友。他极善诱导启发，出之以至诚，发之于心坎。我从不曾看见他对于小学生有过疾言厉色的责备。有什么学生犯下了过错，他总是和蔼的在劝告，在絮谈，在闲话。

没有一个学生怕他，但没有一个学生不敬爱他。

他做了二十年的高等小学校的教员、校长。他自己原是科举出身。对于新式的教育却努力地不断地在学习，在研究，在讨论。在内地，看报的人很少，读杂志的人更少；我记得他却订阅了一份《教育杂志》(？)这当然给他以不少的新的资料与教导法。

他是一位教国文的教师。所谓国文，本来是最难教授的东西；清末到民国六七年间的高等小学的国文，尤其是困难中之困难。不能放弃了旧的四书五经，同时又必须应用到新的教科书。教高小学生以《左传》《孟子》和《古文观止》之类是"对牛弹琴"之举。但小泉先生却能给我们以新鲜的材料。

我在别一个小学校里，国文教员拖长了声音，板正了脸孔，教我读《古文观止》。我至今还恨这部无聊的选本！

但小泉先生教我念《左传》，他用的是新的方法，我却很感到趣味。

仿佛是到了高小的第二年，我才跟从了小泉先生念书。我第一次有了一位不可怕而可爱的先生。这对于我爱读书的癖性的养成是很有关系的。

高小毕业后，预备考中学。曾和炎甫等几个同学，在一所庙宇里补习国文。教员也便是小泉先生。在那时候，我的国文，进步得最快。我第一次学习着作文。我永远不能忘记了那时候的快乐的生活。

到进了中学校，那国文教师又在板正了脸孔，拖长了声音在念《古文观止》！求小泉先生时代那么活泼善诱的国文教师是终于不可得了！

所以，受教的日子虽不很多，但我永远不能忘记了他。

他和我家有世谊，我和炎甫又是很好的同学，所以，虽离开了他的学校，他还不断地在教诲我。

假如我对于文章有什么一得之见的话，小泉先生便是我的真正的"启蒙先生"，真正的指导者。

我永远不能忘记了他，永远不能忘记了他的和蔼、忠厚、热心、善诱的态度——虽然离开了他已经有十几年，而现在是永不能有再见到他的机会了。

但他的声音笑貌在我还鲜明如昨日！

悼许地山先生

许地山先生在抗战中逝世于香港。我那时正在上海蛰居，竟不能说什么话哀悼他——但心里是那么沉痛凄楚着。我没有一天忘记了这位风趣横逸的好友。他是我学生时代的好友之一，真挚而有益的友谊，继续了二十四五年，直到他的死为止。

人到中年便哀多而乐少。想起半生以来的许多友人们的遭遇与死亡，往往悲从中来，怅惘无已。有如雪夜山中，孤寺纸窗，卧听狂风大吼，身世之感，油然而生。而最不能忘的，是许地山先生和谢六逸先生，六逸先生也是在抗战中逝去的。记得二十多年前，我住在宝兴西里，他们俩都和我同住着，我那时还没有结婚，过着刻板似的编辑生活，六逸在教书，地山则新从北方来。每到傍晚，便相聚而谈，或外出喝酒。我那时心绪很恶劣，每每借酒浇愁，酒杯到手便干。常常买了一瓶葡萄酒来，去了瓶塞，一口气咕嘟嘟地全都灌下去。有一天，在外面小酒店里喝得大醉归来，他们俩好不容易把我扶上电车，扶进家门口。一到门口，我见有一张藤的躺椅放在小院子里，便不由自主地躺了下去，沉沉入睡。第二天醒来，却睡在床上。原来他们俩好不容易又设法把我抬上楼，替我脱了衣服鞋子。我自己是一点知觉也没有了。一想起这两位挚友都已辞世，再见不到他们，再也听不到他们的语声，心里便凄楚欲绝。为什么"悲哀"这东西老跟着人跑呢？为什么跑到后来，竟越跟越紧呢？

地山到北平燕京大学念书。他家境不见得好。他的费用是由闽南某一个教会负担的。他曾经在南洋教过几年书。他在我们这一群未经世故人情磨炼的年轻人里，天然是一个老大哥。他对我们说了许多我们从来没有听到过的话。他有好些书，西文的、中文的，满满地排了两个书架。这是我所最为羡慕的。我那时还在省下车钱来买杂志的时代，书是一本也买不起的。我要看书，总是向人借。有一天傍晚，太阳光还晒在西墙，我到地山宿舍里去。在书架上翻出了一本日本翻版的《泰戈尔诗集》，读得很高兴。站在窗边，外面还亮着。窗外是一个水池，池里有些翠绿欲滴的水草，人工的流泉，在淙淙地响着。

"你喜欢泰戈尔的诗么？"

我点点头，这名字我是第一次听到，他的诗，也是第一次读到。

他便和我谈起泰戈尔的生平和他的诗来。他说道，"我正在译他的《吉檀迦利》呢。"随在抽屉里把他的译稿给我看。他是用古诗译的，很晦涩。

"你喜欢的还是《新月集》吧。"便在书架上拿下一本书来。"这便是《新月集》，"他道，"送给你，你可以选着几首来译。"

我喜悦地带了这本书回家。这是我译泰戈尔诗的开始。后来，我虽然把英文本的《泰戈尔集》，陆续地全都买了来，可是得书时的悦喜，却总没有那时候所感到的深切。

我到了上海，他介绍他的二哥敦谷给我。敦谷是在日本学画的，一位孤芳自赏的画家，与人落落寡合，所以，不很得意。我编《儿童世界》时，便请他为我作插图。第一年的《儿童世界》，所有的插图全出于他的手。后来，我不编这周刊了，他便也辞职不干。他受不住别的人的指挥什么的，他只是为了友情而工作着。

地山有五个兄弟，都是真实的君子人。他曾经告诉过我，他的父亲在台湾做官。在那里有很多的地产。当台湾被日本占去时，曾经宣告过，留在台湾的，仍可以保全财产，但离开了的，却要把财产全部没收。他父亲召集了五个兄弟们来，问他们谁愿意留在台湾，承受那些财产，但他们全都不愿意。他们一家便这样舍弃了全部资产，回到了祖国。因此，他们变得很穷。兄弟们都不能不很早的各谋生计。

他父亲是丘逢甲的好友，一位仁人志士，在台湾独立时代，尽了很多的力量，写着不少慷慨激昂的诗。地山后来在北平印出了一本诗集。他有一次游台湾，带了几十本诗集去，预备送给他的好些父执，但在海关上，被日本人全部没收了。他们不允许这诗集流入台湾。

地山结婚得很早。生有一个女孩子后，他的夫人便亡故。她葬在静安寺的坟场里。地山常常一清早便出去，独自到了那坟地上，在她坟前，默默地站着，不时地带着鲜花去。过了很久，他方才续弦，又生了几个儿女。

他在燕大毕业后，他们要叫他到美国去留学，但他却到了牛津。他学的是比较宗教学。在牛津毕业后，他便回到燕大教书。他写了不少关于宗教的著作；他写着一部《道教史》，可惜不曾全部完成。他编过一部《大藏经引得》。这些，都是扛鼎之作，别的人不肯费大力从事的。

茅盾和我编《小说月报》的时候，他写了好些小说，像《换巢鸾凤》之类，风格异常的别致。他又写了一本《无从投递的邮件》，那是真实的一部伟大的书，可惜知道的人不多。

最后，他到香港大学教书，在那里住了好几年，直到他死。他在港大，主持中文讲座，地位很高，是在"绅士"之列的。在法律上有什么中文解释上的争执，都要由他来下判断。他在这时期，帮助了很多朋友们。他提倡中文拉丁化运动，他写了好些论文，这些，都是他从前所不曾从事过的。他得到广大的青年们的拥护。他常常参加座谈会，常常出去讲演。他素来有心脏病，但病状并不显著，他自己也并不留意静养。

有一天，他开会后回家，觉得很疲倦，汗出得很多，体力支持不住，便移到山中休养着。便在午夜，病情太坏，没等到天亮，他便死了。正当祖国最需要他的时候，正当他为祖国努力奋斗的时候，病魔却夺了他去。这损失是属于国家民族的，这悲伤是属于全国国民们的。

他在香港，我个人也受过他不少帮肋。我为国家买了很多的善本书，为了上海不安全，便寄到香港去；曾经和别的人商量过，他们都不肯负这责任，不肯收受，但和地山一通信，他却立刻答应了下来。所以，三千多部的元明本书、抄校本书，都是寄到港大图书馆，由他收下的。这些书，是国家的无价之宝；虽然在日本人陷香港时曾被他们全部取走，而现在又在日本发现，全部要取回来，但那时如果仍放在上海，其命运恐怕要更劣于此。——也许要散失了，被抢得无影无踪了。这种勇敢负责的行为，保存民族文化的功绩，不仅我个人感激他而已！

他名赞堃，写小说的时候，常用落华生的笔名。"不见落华生么？花不美丽，但结的实却用处很大，很有益"，当我问他取这笔名之意时，他答道。

他的一生都是有益于人的；见到他便是一种愉快。他胸中没有城府。他喜欢谈话。他的话都是很有风趣的，很愉快的。老舍和他都是健谈的。他们俩曾经站在伦敦的街头，谈个三四个钟点，把别的约会都忘掉。我们聚谈的时候，也往往消磨掉整个黄昏、整个晚上而忘记了时间。

他喜欢做人家所不做的事。他收集了不少小古董，因为他没有多余的钱买珍贵的古物。他在北平时，常常到后门去搜集别人所不注意的东西。他有一尊元朝的木雕像，绝为隽秀，又有元代的壁画碎片几方，古朴有力。他曾经搜罗了不少"压胜钱"，预备做一部压胜钱谱，抗战后，不知这些宝物是否还保存无恙。他要研究中国服装史，这工作到今日还没有人做。为了要知道"纽扣"的起源，他细心的在查古画像、古雕刻和其他许多有关的资料。他买到了不少摊头上鲜有人过问的"喜神像"，还得到很多玻璃的画片。这些，都是与这工作有关的。可惜牵于他故，牵于财力、时力，这伟大的工作，竟不能完成。

我为中国版画史的时候，他很鼓励我。可惜这工作只做了一半，也困于财力而未能完工。我终要将这工作完成，然而地山却永远见不到他的全部了！

他心境似乎一直很愉快，对人总是很高兴的样子。我没有见他疾言厉色过；即遇怫意的事，他似乎也没有生过气。然而当神圣的抗战一开始，他便挺身出来，献身给祖国，为抗战做着应该做的工作。

抗战使这位在研究室中静静地工作着的学者，变为一位勇猛的斗士。

他的死亡，使香港方面的抗战阵容失色了。他没有见到胜利而死，这不幸岂仅是他个人的而已！

他如果还健在，他一定会更勇猛地为和平建国、民主自由而工作着的。

失去了他，不仅是失去了一位真挚而有益的好友，而且是，失去了一位最坚贞、最有见地、最勇敢的同道的人。我的哀悼实在不仅是个人的友情的感伤！

悼夏丏尊先生

夏丏尊先生死了，我们再也听不到他的叹息，他的悲愤的语声了；但静静地想着时，我们仿佛还都听见他的叹息，他的悲愤的语声。

他住在沦陷区里，生活紧张而困苦，没有一天不在愁叹着。是悲天？是悯人？

胜利到来的时候，他曾经很天真地高兴了几天。我们相见时，大家都说道，"好了，好了，"个个人的脸上似乎都泯没了愁闷，耀着一层光彩。他也同样地说道："好了，好了！"

然而很快的，便又陷入愁闷之中。他比我们敏感，他似乎失望，愁闷得更迅快些。

他曾经很高兴地写过几篇文章；很提出些正面的主张出来。但过了一会，便又沉默下去，一半是为了身体逐渐衰弱的关系。

他是一个自由主义者，反对一切的压迫和统制。他最富于正义感，看不惯一切的腐败、贪污的现象。他自己曾经说道："自恨自己怯弱，没有直视苦难的能力，却又具有着对于苦难的敏感。"又道："记得自己幼时，逢大雷雨躲入床内；得知家里要杀鸡就立刻逃避；看戏时遇到翠屏山杀嫂等戏，要当场出彩，预先俯下头去；以及妻每次产时，不敢走入产房，只在别室中闷闷地听着妻的呻吟声，默祷她安全的光景。"（均见《平屋杂文》）

这便是他的性格。他表面上很恬淡，其实，心是热的；他仿佛无所褒贬，其实，心里是泾渭分得极清的。在他淡淡的谈话里，往往包含着深刻的意义。他反对中国人传统的调和与折中的心理。他常常说，自己是一个早衰者，不仅在身体上，在精神上也是如此。他有一篇《中年人的寂寞》：

我已是一个中年的人。一到中年，就有许多不愉快的现象，眼睛昏花了，记忆力减退了，头发开始秃脱而且变白了，意兴、体力什么都不如年轻的时候，常不禁会感觉得难以名言的寂寞的情味。尤其觉得难堪的是知友的逐渐减少和疏远，缺乏交际上的温暖的慰藉。

在《早老者的忏悔》里，他又说道：

　　我今年五十，在朋友中原比较老大。可是自己觉得体力减退，已好多年了。三十五六岁以后，我就感到身体一年不如一年，工作起不得劲，只得是恹恹地勉强挨，几乎无时不觉到疲劳，什么都觉得厌倦，这情形一直到如今。十年以前，我还只四十岁，不知道我年龄的，都以我是五十岁光景的人，近来居然有许多人叫我"老先生"。论年龄，五十岁的人应该还大有可为，古今中外，尽有活到了七十八十，元气很盛的。可是我却已经老了，而且早已老了。

这是他的悲哀，但他并不因此而消极，正和他不因寂寞而厌世一样。他常常愤慨，常常叹息，常常悲愁。他的愤慨、叹息、悲愁，正是他的入世处。他爱世、爱人，尤爱"执着"的有所为的人，和狷介的有所不为的人。他爱年轻人；他讨厌权威，讨厌做作、虚伪的人。他没有机心，表里如一。他藏不住话，有什么便说什么。所以大家都称他"老孩子"。他的天真无邪之处，的确够得上称为一个"孩子"的。

　　他从来不提防什么人。他爱护一切的朋友，常常担心他们的安全与困苦。我在抗战时逃避在外，他见了面，便问道："没有什么么？"我在卖书过活，他又异常关切地问道："不太穷困么？卖掉了可以过一个时期吧。"

　　"又要卖书了么？"他见我在抄书目时问道。

　　我点点头，向来不作乞怜相，装作满不在乎的神气，有点倔强，也有点傲然，但见到他的皱着眉头，同情的叹气时，我几乎也要叹出气来。

他很远地挤上了电车到办公的地方来，从来不肯坐头等，总是挤在拖车里。我告诉他，拖车太颠太挤，何妨坐头等，他总是不改变态度，天天挤，挤不上，再等下一部；有时等了好几部还挤不上。到了办公的地方，总是叹了一口气后才坐下。

"綖翁老了，"朋友们在背后都这么说。我们有点替他发愁，看他显著地一天天地衰老下去。他的营养是那么坏，家里的饭菜不好，吃米饭的时候很少；到了办公的地方时，也只是以一块面包当作午餐。那时候，我们也都吃着烘山芋、面包、小馒头或羌饼之类作午餐，但总想有点牛肉、鸡蛋之类伴着吃，他却从来没有过；偶然是涂些果酱上去，已经算是很奢侈了。我们有时高兴上小酒馆去喝酒，去邀他，他总是不去。

在沦陷时代，他曾经被敌人的宪兵捉去过。据说，有他的照相，也有关于他的记录。他在宪兵队里，虽没有被打，上电刑或灌水之类，但睡在水门汀上，吃着冷饭，他的身体因此益发坏下去。敌人们大概也为他的天真而恳挚的态度所感动吧，后来，对待他很不坏。比别人自由些，只有半个月便被放了出来。

他说，日本宪兵曾经问起了我，"你有见到郑某某吗？"他撒了谎，说道："好久好久不见到他了。"其实，在那时期，我们差不多天天见到的。他是那么爱护着他的朋友！

他回家后，显得更憔悴了；不久，便病倒。我们见到他，他也只是叹气，慢吞吞地说着经过，并不因自己的不幸的遭遇而特别觉得愤怒。他永远是悲天悯人的。——连他自己也在内。

在晚年，他有时觉得很起劲，为开明书店计划着出版辞典；同时发愿要译《南藏》。他担任的是《佛本生经》（*Jataka*）的翻译，已经译成了若干，有一本仿佛已经出版了。我有一部英译本的 *Jataka*，他要借去做参考，我答应了他，可惜我不能回家，托人去找，遍找不到。等到我能够回家，而且找到 *Jataka* 时，他已经用不到这部书了。我见到它，心里便觉得很难过，仿佛做了一件不可补偿的事。

他很耿直，虽然表面上是很随和。他所厌恨的事，隔了多少年，也还不曾忘记。有一次，在一个宴会上遇到了一个他在杭州第一师范学校教书时代的浙江教育厅长，他便有点不耐烦，叨叨地说着从前的故事。我们都觉得窘，但他却一点也不觉得。

他是爱憎分明的！

他从事于教育很久，多半在中学里教书。他对待学生们从来不采取严肃的督责的态度。他只是恳挚地诱导着他们。

　　……我入学之后，常听到同学们谈起夏先生的故事，其中有一则我记得最牢，感动得最深的，是说夏先生最初在一师兼任舍监的时候，有些不好的同学，晚上熄灯，点名之后，偷出校门，在外面荒唐到深夜才回来；夏先生查到之后，并不加任何责罚，只是恳切的劝导，如果一次两次仍不见效；于是夏先生第三次就守候着他，无论怎样夜深都守候着他，守候着了，夏先生对他仍旧不加任何责罚，只是苦口婆心，更加恳切地劝导他，一次不成，二次，二次不成，三次……，总要使得犯过者真心悔过，彻底觉悟而后已。

　　　　　　　　　　　　　——许志行：《不堪回首悼先生》

他是上海立达学园的创办人之一，立达的几位教师对于学生们所应用的也全是这种恳挚的感化的态度。他在国立暨南大学做过国文系主任，因为不能和学校当局意见相同，不久，便辞职不干。此后，便一直过着编译的生活，有时，也教教中学。学生们对于他，印象是非常深刻，都敬爱着他。

他对于语文教学，有湛深的研究。他和刘薰宇合编过一本《文章作法》，和叶绍钧合编过《文章讲话》《阅读与写作》及《文心》，也像做国文教师时的样子，细心而恳切地谈着作文的心诀。他自己作文很小心，一字不肯苟且；阅读别人的文章时，也很小心，很慎重，一字不肯放过。从前，《中学生》杂志有过"文章病院"一栏，批评着时人的文章，有发必中；便是他在那里主持着的；他自己也动笔写了几篇东西。

古人说"文如其人"。我们读他的文章，确有此感。我很喜欢他的散文，每每劝他编成集子。《平屋杂文》一本，便是他的第一个散文集子。他毫不做作，只是淡淡地写来，但是骨子里很丰腴。虽然是很短的一篇文章，不署名的，读了后，也猜得出是他写的。在那里，言之有物；是那么深切地混合着他自己的思想和态度。

他的风格是朴素的，正和他为人的朴素一样。他并不堆砌，只是平平地说着他自己所要说的话。然而，没有一句多余的话，不诚实的话，字斟句酌，决不急就。在文章上讲，是"盛水不漏"，无懈可击的。

他的身体是病态的胖肥，但到了最后的半年，显得瘦了，气色很灰暗。营养不良，恐怕是他致病的最大原因。心境的忧郁，也有一部分的因素在内。友人们都说他"一肚皮不合时宜"。在这样一团糟的情形之下，"合时宜"的都是些何等人物，可想而知。怎能怪丏尊的牢骚太多呢！

想到这里，便仿佛听见他的叹息，他的悲愤的语声在耳边响着。他的忧郁的脸，病态的身体，仿佛还在我们的眼前出现。然而他是去了！永远地去了！那悲天悯人的语调是再也听不到了！

如今是，那么需要由叹息、悲愤里站起来干的人，他如不死，可能会站起来干的。这是超出于友情以外的一个更大的损失。

悼李公朴闻一多二先生

听到了李公朴先生的被刺，悲愤无已！正想说几句话，刚摊开了纸，提起笔来，要写下去，早报来了，一翻开来，便触目惊心地读到闻一多先生又在昆明被刺身死的消息！言语文字已不能表达我们的愤怒了！这是什么一个世界！"打"风之后，继之以政治暗杀，显见得手段之日益残酷。凡有点正义感的人，凡肯说几句公平话的人，凡能替老百姓们传达其痛苦的呼吁的人，恐怕都难免有"危险"。然而"暗杀"能够阻止有正义感的人的发言么？"暗杀能够吓得退从事于民众运动或政治工作的人么？"这正如要用武力来解决中国问题一样，明显的是不可能！

"民不畏死，奈何以死惧之！"凡有坚定的信仰和主张的人，生死早已置之度外。他们不会怕死贪生。对他们，"暗杀"的阴影，只有更增加其决心与愤怒，丝毫不能摇撼其信仰。正如战争，前面的人倒下了，后面的人绝对不会停步退却的，反因战友的死，而更燃起了向前冲去的勇气。

"打"是恶劣的手段，"暗杀"是更进一步的卑鄙的作风。凡是政治家，必须以堂堂正正之师与人相见，有理论，有主张，尽管说出来，与对手方见个高低，而以"暗杀"来沉默对手方的发言，却是最无聊、最无耻的方法。这不是政治家，这是谋杀犯！以这样的手段来做政治活动简直是自杀！

像李公朴闻一多二先生那样的人是"暗杀"不尽的。可悲可痛的是，他们乃在胜利之后，从背后被人打了几枪而死；他们为呼吁和平而死；他们为不愿意见到兄弟们自相残杀而呼吁不要内战而死；他们手无寸铁，不想拥兵自卫，结果是被"暗杀"，那么，有自卫力量的人，谁还肯放下其自卫的力量呢？

李公朴先生一生致力于民众教育；战前，在上海有过广大的影响。不意，继较场口被打之后，竟以身殉。闻一多先生为一诗人，曾出版过诗集《红烛》和《死水》，在新诗人里是严肃而注重于格律的一位。他从来不问政治。在清华大学教杜诗，教《诗经》，曾经有过不少重要的考证的论文发表。他随学校到了昆明，继续在西南联大教书，教的还是《诗经》等课程。"民主"的呼号把他从恬静的书室里呼唤出来。他曾为呼吁和平，争取民主，尽了很大的力量。不意，继于李公朴先生之后，他也以身殉国了！尤为残酷的是，他的公子闻立鹤也中弹五发，伤势严重；胸部左右，各中一弹，大腿中弹三发，一腿已断，能否出险，尚可不知。闻公子并不参加民主运动，而亦遭此横祸，人的生命尚有丝毫的保障么？

他们两位先生为国牺牲，永垂不朽，上海各界正在筹备举行"人民葬"，将有以谋作永久之纪念之举。他们未睹和平统一、民主的中国的建立而死，实死不瞑目。但他们的血，像火种似的，已经深种在四万万千千万人民的胸中，薪尽火传，他们是不怕没有后继者的；后继者们将更多、更多起来。死一李公朴，将更有千万个李公朴继之而起，杀一闻一多，将更有千万个闻一多继之而起。前仆后继，暗杀者其能将四万万五千万爱好和平，主张民主的人民尽杀之么？

我们悲愤于李、闻二先生的壮烈殉难，我们敬向二先生的遗属致最恳挚的哀悼之意！

但我们于悲愤、哀悼之余，我们不能不对国民们和政府说几句话。

我们呼吁和平，争取民主，全为中国的前途着想；我们希望看见强盛、民主、和平的中国的实现。我们没有任何政治的欲望，也没有任何党派的背景。我们一介书生，手无寸铁，所有的只是口和笔。如果国家升平，民生安定，我们只愿意在书室里做我们所应做的工作，所想做的工作，绝对的没有任何的好心情，从事于任何政治活动。像闻一多先生，其心情想来也是同样的。然而，在这种的政局之下，凡为一个中国国民，如何能够忍心看得下去呢？！作为一个中国的国民，我们不能不出来说几句话，说我们想说的话，应该说的话。在我们觉得，实在是歉愧之至，因为除了口和笔之外，并没有别的东西可以贡献给国家。然而，即此微薄的呼吁和平而合法的工作，也要遭到横祸，受到暗算，遇到毒手，则实在无话可说了！到了我们不能说话的时候，那么，应该怎样说话，便不问可知了。我们为此危惧！

到底是什么人在做着这种不人道的卑鄙的政治暗杀的事呢？这对于政府是有害无益的。商谈之门，并没有杜绝。打仗的，也还在断断续续地谈着，而呼吁和平，大叫不要打的人们却首先遭到了暗杀，这是什么一种做法呢？主持的人，为何会愚蠢至此呢？为政府计，必须彻底查明主使之人，依法公开审判，依法严加惩办，单是负责治安机关一纸悬赏缉凶的布告是绝对不够的。政府对于昆明负责治安的机关，应该严厉督促其"破案"，务期获到凶手，严查主使之人，并保证以后在任何地方不再有同样的政治暗杀事件发生。同时，对于李、闻二先生的善后，必须负责办理；对于昆明的负责治安者必须加以惩戒；这些，都是"题内文章"，我们不必多说。

我们所悲哀的是，中华民国已经有了三十五年的历史了，政治上，却一点进步也没有。舍堂堂正正的政治斗争方式而不用，而还在用武力，用暗杀来杜绝人民的呼吁的，这岂复有丝毫清明之气存在！"暗杀"是最下流的手段，凡为光明磊落的人或任何党派都绝对的不会使用这个手段的。袁世凯派人暗杀了宋教仁，暗杀了陈英士，然而对于国民党的活动和发展，到底有什么阻碍没有？这两个大暗杀案，只增加了人民对于袁氏政权的厌恶和憎恨，却丝毫不能削减国民党的力量。这不是明显的前车之鉴么？用暴力来企图削弱或扑灭对方的，一定会自食其果。除了招致了人民的普遍的不平和厌恨之外，任何效果是不会得到的。相反的，反而暴露了这主持政治的谋杀者的胆怯与无知，惶恐与无力。凡有智慧、有力量、有见解、有主张的任何政党或政治家，在有所主张，有所活动时，都是要以正规的政治活动的方法出之的。如果在英国或美国，有某一个政党，胆敢用这种卑怯的暗杀手段，加之于对手方的，立刻，她的政治生命便会寿终正寝，人民立刻便会群起而攻之，把她驱逐出政治圈子以外去的。我们希望今日的政治，不要在黑暗之上再加上黑暗；不要在武力之上再加上暴力的卑怯的谋杀。且为国家留些体面，为民族存些正气，为社会惜着有用的人才，为自己保有些生机吧。

凡有前途、有活力的政党，绝对的不应该为自己掘墓坟，应该尽量地改变作风，纯然以堂堂正正之师，出与对手方相周旋。凡是民主国家的政党，都是富有竞技者的精神的；胜固可喜，败亦可鉴。心平气和，一心为国。尊重对手方，也便是尊重自己。这些话都是陈腐之极的老生常谈，然而在今日却还是谈不到的起码条件，岂不可悲可叹乎！

要照这样发展下去，"打"之后继之以"杀"，我们实在要为中国的政局前途哭！难道和平的合法的主张和言论，正义的公平的呼吁，已不可能在中国出现了么？难道主张和平的，争取民主的，以合法方式来从事政治活动的，有正义感的，肯出来替受苦难的人民说几句话，便都要被视为眼中之钉，不除去不快了么？

虽然这谋杀或暗杀事件发生在昆明，受难者是李、闻二先生，然其影响是极大的，其意义是极深刻的。四万万五千万人是不会允许这种不名誉的政治暗杀事件再度在其他地方发生的。这种不名誉的政治暗杀事件，在国际上将发生怎样的一种反应啊！我们到底是一个野蛮的黑暗的国家呢，还是一个正向民主道路走去的现代的国家？我们在国际的地位上，已经是一天天的向下走了，如何再能自己再加速度的堕落下去呢？"天助自助者"。像这样地胡闹、胡搞下去，即有"助我者"，恐亦将望望然而去之的吧！

李、闻二先生首先为国牺牲了，为争取民主而以身殉之了，我们国民们必须急起直追，不息不懈，为二先生雪恨，而彻底地查究那些凶手们及其指使的主持的人物，与众共弃之；而为了安慰李、闻二先生的在天之灵，我们也将相誓地踏着二先生的血迹前进，决不中途停步。我们相信，民主的、自由的、强盛的中国，早或迟，必定会建立的；在那时候，我们当再以淡酒园蔬，祭告于二先生之灵道：

民主已经争取到了，建国事业正在进行，强盛、自由的中国已在实现了，二先生之目可以瞑矣。

然而，在今日，谁还能息一息肩，松一松前进的脚步呢！我们谨以泪，同时也以汗与血来哀悼壮烈、殉难的李、闻二先生！

哭佩弦

从抗战以来，接连的有好几位少年时候的朋友去世了。哭地山、哭六逸、哭济之，想不到如今又哭佩弦了。在朋友们中，佩弦的身体算得很结实的。矮矮的个子，方而微圆的脸，不怎么肥胖，但也决不瘦。一眼望过去，便是结结实实的一位学者。说话的声音，徐缓而有力。不多说废话，从不开玩笑；纯然是忠厚而笃实的君子。写信也往往是寥寥的几句，意尽而止。但遇到讨论什么问题的时候，却滔滔不绝。他的文章，也是那么的不蔓不枝，恰到好处，增加不了一句，也删节不掉一句。

他做什么事都负责到底。他的《背影》，就可作为他自己的一个描写。他的家庭负担不轻，但他全力地负担着，不叹一句苦。他教了三十多年的书，在南方各地教，在北平教；在中学里教，在大学里教。他从来不肯马马虎虎地教过去。每上一堂课，在他是一件大事。尽管教得很熟的教材，但他在上课之前，还须仔细地预备着。一边走上课堂，一边还是十分地紧张。记得在清华大学的时候，有一次我在他办公室里坐着，见他紧张地在翻书。我问道：

"下一点钟有课么？"

"有的，"他说道，"总得要看看。"

像这样负责的教员，恐怕是不多见的。他写文章时，也是以这样的态度来写。写得很慢，改了又改，决不肯草率地拿出去发表。我上半年为《文艺复兴》的"中国文学研究"号向他要稿子，他寄了一篇《好与巧》来；这是一篇结实而用力之作。但过了几天，他又来了一封快信，说，还要修改一下，要我把原稿寄回给他。我寄了回去。不久，修改的稿子来了，增加了不少有力的例证。他就是那么不肯马马虎虎地过下去的！

他的主张，向来是老成持重的。

将近二十年了，我们同在北平。有一天，在燕京大学南大地一位友人处晚餐。我们热烈地辩论着"中国字"是不是艺术的问题。向来总是"书画"同称。我却反对这个传统的观念。大家提出了许多意见。有的说，艺术是有个性的；中国字有个性，所以是艺术。又有的说，中国字有组织，有变化，极富于美术的标准。我却极力地反对着他们的主张。我说，中国字有个性，难道别国的字便表现不出个性了么？要说写得美，那么，梵文和蒙古文写得也是十分匀美的。这样的辩论，当然是不会有结果的。

临走的时候，有一位朋友还说，他要编一部《中国艺术史》，一定要把中国书法的一部门放进去。我说，如果把"书"也和"画"同样的并列在艺术史里，那么，这部艺术史一定不成其为艺术史的。

当时，有十二个人在座。九个人都反对我的意见。只有冯芝生和我意见全同。佩弦一声也不言语。我问道：

"佩弦，你的主张怎样呢？"

他郑重地说道："我算是半个赞成的吧。说起来，字的确是不应该成为美术。不过，中国的书法，也有他长久的传统的历史。所以，我只赞成一半。"

这场辩论，我至今还鲜明的在眼前。但老成持重，一半和我同调的佩弦却已不在人间，不能再参加那么热烈的争论了。

这样的一位结结实实的人，怎么会刚过五十便去世了呢？——我说"结结实实"，这是我十多年前的印象。在抗战中，我们便没有见过。在抗战中，他从北平随了学校撤退到后方。他跟着学生徒步跑，跑到长沙，又跑到昆明。还照料着学校图书馆里搬出来的几千箱的书籍。这一次的长征，也许使他结结实实的身体开始受了伤。

在昆明联大的时候，他的生活很苦。他的夫人和孩子们都不能在身边，为了经济的拮据，只能让他们住在成都。听说，食米的恶劣，使他开始有了胃病。他是一位有名的衣履不周的教授之一。冬天，没有大衣，把马夫用的毡子裹在身上，就作为大衣；而在夜里，这一条毡子便又作为棉被用。

有人来说，佩弦瘦了，头上也有了白发。我没有想象到佩弦瘦到什么样子；我的印象中，他始终是一位结结实实的矮个子。

胜利以后，大家都复员了，应该可以见到。但他为了经济的关系，径从内地到北平去，并没有经过南方。我始终没有见到瘦了后的佩弦。

在北平，他还是过得很苦。他并没有松下一口气来。

暑假后，是他应该休假的一年。我们都盼望他能够到南边来游一趟。谁知道在假期里他便一瞑不视了呢？我永远不会再有机会见到瘦了后的佩弦了！

佩弦虽然在胜利三年后去世，其实他是为抗战而牺牲者之一。那么结结实实的身体，如果不经过抗战的这一个阶段的至窘极苦的生活，他怎么会瘦弱了下去而死了呢？他的致死的病是胃溃疡与肾脏炎。积年地吃了多少粒与稗子的配给米，是主要的原因。积年的缺乏营养与过度的工作，使他一病便不起。尽管有许多人发了国难财，胜利财，乃至汉奸们也发了财而逍遥法外，许多瘦子都变成了肥头大脸的胖子，但像佩弦那样的文人、学者与教授，却只是天天地瘦下去，以至于病倒而死。就在胜利后，他们过的还是那么苦难的日子与可悲愤的生活。

在这个悲愤苦难的时代，连老成持重的佩弦，也会是充满了悲愤的。在报纸上，见到有佩弦签名的有意义的宣言不少。他曾经对他的学生们说，"给我以时间，我要慢慢地学"。他在走上一条新的路上来了。可惜的是，他正在走着，他的旧伤痕却使他倒了下去。

他花了整整一年工夫，编成《闻一多全集》。他既担任着这一个工作，他便勤勤恳恳地专心一志地负责到底地做着。《闻一多全集》的能够出版。他的力量是最大的；他所费的时间也最多。我们读到他的《闻一多全集》的序，对于他的"不负死友"的精神，该怎样的感动。

地山刚刚走上一条新的路，便死了；如今佩弦又是这样。过了中年的人要蜕变是不容易的。而过了中年的人经过了这十多年的折磨之后，又是多么脆弱啊！佩弦的死，不仅是朋友们该失声痛哭，哭这位忠厚笃实的好友的损失，而且也是中国的一个重大的损失，损失了那么一位认真而诚恳的教师、学者与文人！

纪念几位今年逝去的友人

当这个"万方多难"的年头，逝去了几位友人，正有如万木森森的树林里，落下了两片三片的黄叶，那又算得什么事！我们该追悼无数为主义而脰折断颈的"烈士"，我们该追悼无数为抵御强权，为维护民族的生存而被大炮枪弹所屠杀的兵士，我们该追悼无数的在国内国外任人烹割的，无抵抗的民众。我们真无暇纪念到我们自己的几位友人们，当这个"万方多难"的年头！

然而在这个"万方多难"的年头，逝去了的那几位友人，却正是无数的受苦难的民众的缩影。我们为那几位友人而哭，而哀悼，除了为我们的友情之外，也还有些难堪的别的情怀在。我们的勇士实在太少了。我们的诗才也实在太寥落了。当这个年头儿，该是许多勇士，许多诗人，为民众，为生活在这个古老的国土上的人类效力的时候，却正是那些最勇敢的勇士们受最难堪的苦难，而逝去，也正是那些最可珍异的诗才们受无妄之横祸的时候。站在最前面的一批，去了，远了，后继者有谁呢？真难说！这是我们所不得不为我们的逝去的友人们痛心的。我们常是太取巧了，太个人主义了，太自私了。站在任何主义的坚固的阵线上而作战的人们，在这古老的国里，几千年来就不多几个。现在是个大转变的时代，该产生出无数的意志坚定的战士，有为民众，为主义——不管他什么主义——而牺牲而努力。在过去的三五年间也真的产生了不少这样的无名的英雄们。这是我们这个古老的民族的一线新的生机。我们该爱护这新生的根芽，我们该培植这新生的德性。然而不然，最遭苦难的却正是他们！那不全是被"屠杀"，——当然那是最重要的一个原因也还有无数的别的不可说的法术儿，被用来销铄他们，毁亡他们。总之，要使意志坚定的最好的最有希望的青年们，在全国不见了踪迹。这是我们最可痛心的事。

至少，至少，我们该为国家爱惜有希望的人们，为民族爱惜意志坚定的战士们。这是我忆念到今年逝去的几位友人们便要觉得痛心的，不仅仅是为了个人有的友情而已。

一、胡也频先生

第一个该纪念的友人是胡也频先生，在今年逝去的友人们中。

胡先生的死，离现在已有好几个月了，我老想对他的死说几句话，老是没有机会。他的死是一个战士般的牺牲，是值得任何敌与友的致敬的。

凡是认识也频的人，没有一个曾会想到他的死会是那样的一个英雄的死。他是那样的文弱，那样的和平；他是一位十足的"绅士式"的文人，做着并不刺激的诗与小说的，谁会想得到他竟会遭际到那样的一个英雄的死？

也频的诗与小说，最早是在北平的《晨报》副刊和《现代评论》上发表的。在那个时代，他所写的诗与小说一点也没有比当代的一般流行的诗人和小说家们的作品有什么更足以招祸惹殃的所在。他的诗文散文，完全是所谓"绅士式"的文学：圆润，技巧；说的是日常的生活，绅士的故事。一丝半毫的反抗时代的影子，在那里都找不到。他们如百灵鸟在无云的天空，独自的歌啭着，他们如黄莺儿在枝头上跳跃不定的一声两声自得地鸣叫着。他们似还没有尝到任何真实的人间的生活的辛辣味儿。

后来，他到了上海。他的作品便常在《小说月报》上及他和丁玲、沈从文诸位自己所办的《红黑》上发表，他的作风还是一毫也不曾变动。他那时所写的，似以小说为最多，也只是些"绅士式"的小说。

有一天，他和从文同到我们那里来。"我们组织了一个出版机关，要自己出个文艺杂志。"也频这样说，微笑的。

"要你们大家都帮忙才好呢，"从文说。过几天，果然有"红黑社"请客的通知来。那一天在静安寺路华安公司的楼上，举行了一次很盛大的宴会，倒有不少我所不认识的士女。也频和丁玲是那样殷勤地招待着。也频的瘦削的脸上，照耀着喜悦的颜色。他是十足的表现着"绅士式"的文人的气度——但恐怕这便是最后的一次了。

《红黑》出版了几期，听说《红黑》的出版部，发生了问题。没有别的，只为的是："红""黑"两个字太鲜明得碍目。于是不管它的内容如何，便来了一次不很愉快的干涉和阻碍。在那个时候，也频定受有很大的刺激与冲动。后来的转变，或已于此时植下很深的根芽。

有半年之久，他所做的仍是那一类"绅士式"的小说。那时他的生活似很艰苦，常常要为了生活而做小说，要为了卖小说而奔走着。在那个时候，他是和"现实的生活"窄路相逢了；他和它面对面地站着。常有被它吞没下去的危险。但他始终是挣扎着，并不退却，也并不转入悲观。

常是为了"没有米了"，"房钱是来催迫过好几趟了"的题目，执持了匆匆完稿的作品去出卖。

逢到"婉辞拒却"的机会是不少的，但也频始终保持着他的雍容大量的绅士态度，一点也不着恼。把他的文字作严刻的讥弹着的也有，但他仍是很虚心的并不表现出不愉快的态度来。我不曾见过那么好脾气的小说家、诗人。在那个时候，他和我见面的时候不少。他那生疏的福州话，常使我很感动。我虽生长在外乡，但对于本地的乡谈，打得似乎要比他高明些。他和我是无话不谈的，在那时候。

不知在什么时候，他的作风，他的生活突然的起了一个绝大的转变，这个大转变，使他由"绅士"一跃而成为一个战士，使他由颓唐的文人的生活，一变而成为一位勇敢的时代的先驱。

他的爽直的性格、真纯的意志、充足的生活力，以至他的富有向前进的精神，都足以使他毫不踌躇地实现他的这个转变，使他并不退缩地站到时代的最前线去。

我记得，他有好几个月不来了。在前年的冬天，一个灰暗的下午，他又来了，带了一包的原稿。"我现在的作风转变了，这是转变后的第一篇小说，中篇的，请你看看，可否有发表的机会。"

那中篇小说的题目是《到莫斯科去》。我匆匆地翻了一遍，颇为他的大胆的记述和言论所震动。

"等我细细拜读一下再说。假如没有什么'违碍'，发表当然是不成问题的。"我说。

我不好意思立刻便对他说，那题目便是一个最会"触犯时忌"的标帜。

像那样坦白地暴露着最会"触犯时忌"的事实的小说，在当时的出版物上，至少在《小说月报》上是没法可以发表的。所以第二次他来了时，我便真心抱歉地对他说道：

"实在太对不住了，这部中篇，为了有'违碍'，月报上似乎是不能发表的。"也频非常明了我的地位，他微笑道："没有什么，没有什么。我也知道有些'不便'。但请你指教这小说里有什么不妥当的所在？"

我坦白地说出了我的意见。他很觉得同意。

以后，他依然常常来，还常常拿稿件来，但不常常是他自己的，有时是丁玲的，有时是从文的。他还不时地说穷，但精神却极为焕发，似乎他的兴会比往常都好。我知道他在"工作"，但我决不问他什么——我向来是绝对不打听友人们的行动的。在他小说里，我见到他是时时很坦白地在诉说他的"工作"的情形，以及心理上的转变与进展。

在去年下半年的小说里，他似仍在写着他自己的"工作"的事；但在那时，有一件在他生活里比较重要的事发生，那便是丁玲的生孩子。

为了这件事，他奔走筹划了不少时候，他所写的《母亲》和《牺牲》的两个短篇，便可充分地表现出他那时的心理的变化。我以为，在他的许多小说里，那两篇是要归入最好的一边，就技巧而论。

他这件家庭的事，刚刚忙过去不久，不料一个惊人的消息便接着而来，那便是他的被捕。我始终不大明白他被捕的真实原因何在。关于这，有种种的传言。

从他被捕以后，由丁玲、从文那里，时时得到如何设法营救他的消息。

突然的，又有一个惊人的消息传来，那便是他已经是如一个战士般的牺牲了。关于这，又有种种的传言。其中的一个是，在一个死寂的中夜的时候，有人听见一队少年们高唱着《国际歌》，接着"啪啪啪"的一阵枪声，便将这激昂高亢的歌声永远、永远地打断了。

也频便是这样的战士般的死去，据说。谁知道呢？

但从此以后，便不再听见关于营救他的消息了，也不再听到关于他的任何的消息了。

他是这样的得到一个英雄的死！凡是认识也频的人谁还会想得到呢？！

二、洛生先生

第二个该纪念的友人是洛生先生。洛生是他的笔名，他的真实的姓名是恽雨棠。我有好久不知道洛生是何等样人，虽然在《小说月报》上已几次的登载过他的文字，——正如我有好久不知道巴金先生是谁一样。大约是前年的秋天吧，同事的某先生送来了一册文稿，他说："这是一个朋友转交来的，不知《小说月报》上可登否？"

那是题为《苏俄文艺概论》的一册原稿，底下作者的署名是"洛生"二字。

我读了那册原稿，觉得叙述很有条理，在那几万个字里，已将我们所想知道的俄国大革命后的文坛的历史与现状，说得十分的明白，一点也不含糊。

我很想知道洛生是谁，但那位同事，他也不明白。他说，只知道洛生是曾经到过俄国的，他的俄文程度很不坏而已。我不再追问下去。

我很想请洛生多译些小说或论文，但自从刊出《概论》之后，总有半年多没得到他的消息，也再没有人提起过他。我不知道他的所在，我不知道他是谁。有一天，在早晨成堆的送来的邮件里，我得到一封署名为洛生的信，他说，约定在某一天来看我，有事面谈。

我很高兴，我终于能见到这位谜似的洛生。他依约而来。会客单上写的仍是"洛生"两个字。他是一位身材高大的人，脸部表现久历风霜的颜色。从他那坚定有威的容颜上便知道他定是一位意志异常的坚定的。在我的许多友人们里，似没有比他更为严肃、坚定的。我们没有谈过一句题外话。他来，是为了稿件的事，谈完了，便告辞。我一点也不曾想到要问他的姓名。

后来，他不时地来，也总是为了文稿的事。我们渐渐地熟悉了。从他的评判和论断上看来，足以见出他是一位很"左"倾的意志坚定的人物。

他的来，常是那样的神秘，有时戴了帽檐压在眉前的打鸟帽，有时戴着眼镜，有时更扮以一位穿短衫的工人般的人物。

我不便问他的事，但我很担心他的行动。有人告诉我，他看见洛生穿着一身敞着前胸的蓝布短衣，在拉着洋车呢。

他是那样的谜般的行动，正如他的那样的谜般的姓氏一样。有一次，当四月的繁花怒放的时候，他来了，表示着很严重的神色。正是下午，我坐在沉闷的工作室里，实在有些感着"春"的催睡的威力。他的来，使我如转入另一个气候里。我顿时的清醒了，振作了。

他是来和我谈当时正在流行着的"新兴文艺"的问题的。他问我对这有什么意见，还有："你的杂志的态度，究竟如何？"

虽然我和他不是很生疏，但这一次那么正式的严重性的访问，颇使我觉得窘。

我只得将我的及杂志的地位，详细地使他明了。他没有再追问下去。他当时那副严重的神色，我还记得很清楚。

方先生从日本回来，我告诉他，有洛生这样的一个人。

"我去打听打听看，高大的个儿，大约是 G 吧？"方说。"也许是的。"

第二次见到方时，方说："我已经打听出来了，他不是 G，乃是我们的旧同事——在定书柜上办事的恽雨棠。"

说起恽雨棠，我便记起很早的一位《小说月报》的投稿者来，恽君是曾在《小说月报》上登过一篇小说的。我记得，他用的是很讲究的毛边纸写的，写的字体很清秀可喜，写的故事，也是一篇富于家庭的趣味的事。我的想象中，始终以他为一个很文雅的瘦弱的如一般文人似的人物。

谁想得到这位洛生，便会和那位恽雨棠是同一个人。自知道了洛生的真实的姓氏之后，便再也见不到他。

有人传说，洛生在闹着恋爱的问题，到外城去了。

又有人传说，洛生和他的妻，已一同被捕了。他的不曾再度出现，大约证实了这个传说吧。过了一二个月，又有传说，洛生和他的妻，都已如战士般的同被牺牲了。

在如今的一个大时代里，这种的牺牲不是少见的。但他不再来！

洛生，谜般的出现，便也这样的谜般的消失了。但他不再来！永远的不再来！！！

三、徐志摩先生

第三个应该纪念的是徐志摩先生。

我万想不到要追悼到志摩！他的印象，他的清瘦的略带苍白的面容，他的爽脆可喜的谈笑，还活泼泼地出现在我的眼前。我和他最后一次的见面是在四个礼拜以前，适之先生的家中。他到了北平，便打电话来找我，我在他的房里坐了两三点钟。我们谈的话都是无关紧要的，但也都是无顾忌的。他的态度仍如平常一般的愉快，无思虑。想不到在四个星期之后，我们便永远地再见不到他了！——我们住在乡下的人，消息真是迟钝，便连他南下的消息，也还不曾听到过呢。我还答应过清华的同学，说要找他来讲演。不料这句话刚说得不到几天，我们便再也听不到他的谈吐，他的语声了！

地山告诉我说，他最后见到志摩的一天，是在前门的拥挤的人群里，志摩和梁思成君夫妇同在着。"地山，我就要回济南去了呢。"志摩说。"什么时候再回北平来呢？"

志摩悠然仍带着开玩笑似的态度说道："那倒说不上，也许永不再回来了。"

地山复述着最后这句话时，觉得志摩的话颇有些"语谶"。前天在北海的桥上遇见了铁岩。我们说到了志摩的死。铁岩道："事情是有些可怪。志摩的脸色不是很白的么？但我最后一次见到他时，觉得他的脸上仿佛罩上了一层黑光。"

这些都是事后的一种想当然的追忆，未必便是真实的预兆，也许我是太不细心了，这种的预兆，压根儿便不曾在我的心上飘浮过。

其实，志摩的死，也实在太突然了，太意外了，致使我们初闻的时候，都不会真确的相信。我见到报纸后，立即打电话去问胡宅："报纸载的徐志摩先生的事靠得住么？"回复的话是："靠得住的。徐志摩先生确已逝世了。""有什么人到济南去料理呢？""去的是张慰慈、张奚若几位先生。"当我第一天见到报纸，载着一架飞机失事了，死了两个机师，一位乘客的失事时，只是慨叹而已。谁想得到，那位乘客便会是志摩！

志摩不死于病，不死于国事，不死于种种的"天灾人祸"之中，而死于空中，死于烈焰腾腾，火星乱迸的当儿，这真是一个不平凡的死，且是一个太无端的死！

也频、洛生的死，是战士般的牺牲；志摩的死，却是何所为的呢？

我们慨叹于一位很有希望的伟大的诗人的逝去，但我们也不忍因此去责备任何人。责备又何所用呢？

志摩是一位最可交的朋友，凡是和他见过面的人，都要这样说。他宽容，他包纳一切，他无机心，这使他对于任何方面，都显得可以相融洽。他鼓励，他欣赏，他赞扬任何派别的文学，受他诱掖的文人可真是不少！人家误会他，他并不生气；人家责骂他，他还能宽容他们。诗人、小说家都是度量狭小得令人可怕的，志摩却超出于一切的常例之外，他的度量的渊渊颇令人难测其深处。

他在上海发起笔会。他的主旨，便在使文人们不要耗费时力于因不相谅解而起的争斗之中。他颇想招致任何派别的文学家，使之聚会于一堂，俾得消灭一切无谓的误会。他很希望上海的左翼文人们，也加入这个团体。同时，连久已被人唾弃的"礼拜六"派的通俗文士们，他也想招致（我是最反对他要引入那些通俗文士们的意思的）。虽然结果未必能够尽如他意，然他的心力却已费得不少了。

在当代的文坛上像他那样的不具有"派别"的旗帜与偏见的，能够融洽一切，宽容一切的，我还没有见过第二个人。

他是一位很早的文学研究会的会员，但他同别的会社也并不是没有相当的联络，他是一位新月社的最努力的社员，但他对于新月社以外的文学运动，也还不失去其参加的兴趣。

他只知道"文学"，他只知道为"文学"而努力，他的动机和兴趣都是异常的纯一的，所以他决不会成为一位偏执的人。

许多人对于志摩似乎都有些误会。有的人误会志摩是一个华贵的"公子哥儿"。他们以为：他的生活是异常的愉快与丰富的，他是不必"待米下锅"的，他是不必顾虑到他的明天乃至明年以后的生计的。

在表面上看，这种推测倒未必错。他的外表，他的行动，似是一位十足的"公子哥儿"。可惜他做"公子哥儿"的年代恐怕是未必很久。他的父母的家庭的情况，倒足以允许他做一位无忧无虑的"公子哥儿"。但他却早已脱去了家庭的羁绊而独立维持着他自己的生计。他在最近三五年里我晓得，常是为衣食而奔走于四方。他并不充裕。他常要得到稿费以维护家计。有一个时期，他是靠着中华书局的不多的编辑费做他的主要的生活费。有一个时期，他奔走于上海、南京之间，每星期要往来京沪路一次，身兼中大与光华两校的教席，为的是家计！

有的人误会志摩是一位像春天的蛱蝶般的无忧无虑的人物。他们以为志摩的生活既极华贵舒适，他的心地更是优游愉快，似没有一丝一抹的忧闷的云影曾飞浮过他的心头。我们见到他，永远见到的是恬静若无忧虑的气度，永远见到的是若庄、若谐的愉快的笑语与风趣盎然的谈吐。其实，在志摩的心头，他是深蕴着"不足与外人道"的苦闷的。他的家庭便够他麻烦的了。他的家庭之间，恐怕未必有很怡愉的生活（请恕我太坦率了的诉说）。有好几年了，他只是将黄连似的苦楚，向腹中强自咽下。他决不向人前诉过一句。也亏得他的性情本来是乐天的，所以常只是以"幽默"来替换了他的"无可奈何的轻喟"。这在他的近几年的诗里，有稳约的影子存在着。我们都可见得出。

更有的人误会志摩只是一位歌颂人世间的光明的诗人，只是一位像站在阳光斑斑斓斓地从树叶缝中窥射下去的枝头上的鸟儿似的，仅是嘹唱着他自己的愉快的清歌，因此，这个误会，我们也可以将志摩自己的许多诗与散文去消释了它。

志摩的生活并不比生在这个大时代的任何人愉快得多少；他的对于人世间的事变，其感受性的敏捷，也并不下于感受性最敏捷的人们。他所唱的并不全是欢歌。特别是这几年，他的诗差不多常常是充满了肃杀、消极的气氛，下面是一个例：

> 阴沉，黑暗，毒蛇似的蜿蜒！
> 生活逼成了一条甬道：
> 一度陷入，你只可向前，
> 手扪索着冷壁的黏潮，
> 在妖魔的脏腑内挣扎，
> 头顶不见一线的天光，
> 这魂魄，在恐怖的压迫下，
> 除了消灭更有什么愿望？

（《猛虎集》九十页以下）

这是许多年来的尝够了人世间的"辛苦艰难"发出来的呼号。志摩也许曾尝过人生的软哈哈的甜蜜，但这许多年来，他所尝到的人生，却是苦到比黄连更要苦的，致使那么活泼的乐天多趣的志摩，也不由得不如他自己所说的成了："一份深刻的忧郁占定了我，这忧郁，我信，竟于渐渐地潜化了我的气质。"（《猛虎集》序五页）。

经了这种痛苦与压迫之下，志摩是变了一个人，他的诗也在跟着变。他有成为一位比他现在所成就更为远大，更为伟大的诗人的可能。很可惜的，就在这个转变的时代里，一场不可测的"横祸"竟永远地永远地夺去了志摩的舌与笔！

我不仅为友情而悼我的失去一位最恳挚的朋友，也为这个当前大时代而悼它失去了一位心胸最广，而且最有希望的诗人！

第六辑

「孤岛」蛰居

——用笔尖抗战

暮影笼罩了一切

"四行孤军"的最后枪声停止了。临风飘荡的国旗，在群众的黯然神伤的凄视里，落了下来。有低低的饮泣声。

但不是绝望，不是降伏，不是灰心，而是更坚定的抵抗与牺牲的开始。

苏州河畔的人渐渐的散去。灰红色的火焰还可瞭望得到。

血似的太阳向西方沉下去。

暮色开始笼罩了一切。

是群鬼出现，百怪跳梁的时候。

没有月，没有星，天上没有一点的光亮。黑暗渐渐地统治了一切。

我带着异样的心，铅似的重，钢似的硬，急忙忙地赶回家，整理着必要的行装，焚毁了有关的友人们的地址簿，把铅笔纵横写在电话机旁墙上的电话号码，用水和抹布洗去。也许会有什么事要发生。准备着随时离开家。先把日记和有关的文稿托人寄存到一位朋友家里去。

小箴已经有些懂事，总是依恋在身边。睡在摇篮里的倍倍，却还是懵懵懂懂的。看望着他们，心里浮上了一缕凄楚之感。生活也许立刻便要发生问题。

但挺直着身体，仰着头，预想着许多最坏的结果，坚定地做着应付的打算。

下午，文化界救亡协会有重要的决议，成为分散的地下的工作机关。《救亡日报》停刊了。一部分的友人们开始向内地或香港撤退。他们开始称上海为"孤岛"。但我一时还不想离开这"孤岛"。

夜里，我手提着一个小提箱，到章民表叔家里去借住。温情的招待，使我感到人世间的暖热可爱。在这样彷徨若无所归的一个时间，格外的觉到"人"的同情的伟大与"人间"的可爱可恋。个个人都是可亲的，无机心的，兄弟般的友爱着，互助着，照顾着。他们忘记了将临的危险与恐怖，只是热忱地容留着，招待着，只有比平时更亲切，更关心。

白天，依然到学校里授课，没有一分钟停顿过讲授。学生们在炸弹落在附近时，都镇定着坐着听讲；教授们在炸声轰隆，门窗格格作响时，曾因听不见语声而暂时停讲半分数秒，但炸声一息，便又开讲下去。这时，师生们也格外的亲近了；互相关心着安全。他们谈说着我们的"马其诺防线"的可靠，信任着我们的军官与士兵。种种的谣传都像冰在火上似的消融无踪。可爱的青年们是坚定的。没有凄婉，没有悲伤；只是坚定地走着应走的路。有的，走了；从军或随军做着宣传的工作。不走的，更热心的在做着功课，或做着地下的工作。他们不知恐怖，不怕艰苦，虽然恐怖与艰苦正在前面等待着他们。教员休息室里的议论比较复杂，但没有一句"必败论"的见解听得到。

后来，"马其诺防线"的防守，证明不可靠了；南京被攻下，大屠杀在进行。"马当"的防线也被冲破了。但一般人都还没有悲观。"信仰"维持着"最后胜利"的希望。"民族意识"坚定着抵抗与牺牲的决心。

同时，狐兔与魍魉们却更横行着。"大道市政府"成立，"维新政府"成立。暗杀与逮捕，时时发生。"苏州河北"成了恐怖的恶魔的世界。"过桥"是一个最耻辱的名词。

汉奸们渐渐地在"孤岛"似的桥南活动着，被杀与杀人。有一个记者，被杀了之后，头颅公开地挂在电杆上示众。有许多人不知怎样地失了踪。

极小的一部分知识分子动摇了。

学生们常常来告密，某某教员有问题，某某人很可疑。但我还天真的不信赖这些"谣言"。在整个民族做着生死决战的时期，难道知识分子还会动摇变节么？这简直是不可思议的"盲猜"与"瞎想"。

但事实证明了他们情报的真确不假。

有一个早上，与董修甲相遇，我在骂汉奸，他也附和着。但第二天，他便不来上课了。再过了几天，在报上知道他已做了伪官。

张素民也总是每天见面，每天附和着我的意见，但不久，也便销声匿迹，之后，也便公开做了什么"官"了。

还有一个张某和陈柱，同受伪方的津贴，这事，我也不相信。但到了陈柱（这个满嘴的"威武不能屈，富贵不能淫"的东西）"走马上任"，张某被友人且劝且迫地到了香港发表"自首文"时，我也才觉得自己是被骗受欺了。

可怕的"天真"与对于知识分子的过分看重啊！

学生里面也出现"奸党"。好在他们都是"走马上任"去的，不屑在学校里活动；也不敢公开地宣传什么，或有什么危害。他们总不免有些"内愧"。学校里面依然是慷慨激昂的我行我素。

虽然是两迁三迁的，校址天天的缩小，但精神却很好；很亲切、很温暖、很愉快。

青年们还在举行"座谈会"什么的，也出版了些文艺刊物；还做着民众文艺的运动，办着平民夜校。和平时没有什么不同；只不过多带着些警觉性。可爱与骄傲，信仰与决心，交织成了这一时期的青年们活动的趋向。

我还每夜都住在外面。有时候也到古书店里去跑跑。偶然的也挟了一包书回来。借榻的小室里，书又渐渐的多起来。生活和平常差不了多少，只是十分小心地警觉着戒备着。

有一天到了中国书店，那乱糟糟的情形依样如旧。但伙计们告诉我：日本人来过了，要搜查《救亡日报》的人；但一无所得。《救亡日报》的若干合订本放在阴暗的后房里，所以他们没有觉察到。搜查时，汪馥泉恰好在那里。日本人问他是谁。他穿着一件蓝布长衫，头发长长的，长久不剪了，答道："是伙计。"也真像一个古书店的伙计，才得幸免。以后，那一批"合订本"便由汪馥泉运到香港去。敌人的密探也不曾再到中国书店过。亏得那一天我没有在那里。

还有一天，我坐在中国书店，一个日本人和伙计们在闲谈，说要见见我和潘博山先生。这人是清水，管文化工作的。一个伙计偷偷地问我道："要见他么？"我连忙摇摇头。一面站起来，在书架上乱翻着，装作一个购书的人。这人走了后，我向伙计们说道："以后要有人问起我或问我地址的，一概回答不知道，或长久没有来了一类的话。"为了慎重，又到汉口路各肆嘱咐过。

我很感谢他们，在这悠久的八年里，他们没有替我泄露过一句话，虽然不时地有人去问他们。

隔了一个多月，好像没有什么意外的事会发生，我才再住到家里去。

夜一刻刻地黑下去。

有人在黑夜里坚定地守着岗位，做着地下的工作；多数的人则守着信仰在等待天亮。极少数的人在做着丧心病狂和为虎作伥的事。

这战争打醒了久久埋伏在地的"民族意识"；也使民族败类毕现其原形。

悼胡咏骐先生

我和咏骐先生的相识，不过三年左右。上海战役失败之后，上海的情形，紧张、混乱。友人们撤退的，躲避的纷纷不绝。在其间，也有许多若橡树似的，屹立于暴风雨之中而坚定不动的，咏骐先生即是其中之一。他稳定的站在危难、艰苦、恐怖、纷扰的环境中，像一个巨人似的；在他的巨影之下，许多人赖以安定、不惧。他执了一盏光明四射的灯笼，在茫茫黑夜里，引导着许多人向前走。他的勇敢、冷静与明晰分毫的理论，增加了同伴者无穷的勇气。

他不是一位孳孳为利的普通商人。他看得远，见得广，想得透彻。他知道一个商人在这国难时期应尽的责任是什么。他的一切措施，一切行动，都是以国家民族的利益为前提的。他从事商业近二十年，但他的经济情形也仅足够一家温饱而已。而对于爱国事业，则无不竭力帮助着；比千万百万富翁所尽的力量更多，更大！

他主持宁绍人寿保险公司；他的看法，是把"人寿保险事业"作为"社会事业"之一的；并不为了营利。他应用了最科学的方法，经营"人寿保险"事业；有许多设施，足为后来人最好的楷模。

有一次，他和我谈起：公司的投资，以投于有益于国家民族的事业为主。购买外汇，垄断米粮布匹及其他日用品的都是民族的罪人。他的公司绝对不愿做这种事。他和我商量，要把一部分资金从事于保存民族文化。我尽力地赞成他，说：我愿以全心全意地帮助他做这件事。可惜商谈后不久，他便一病不起，再没有机会做这件事。这实在是民族文化之一大损失！也是他有志未遂的事的一端！

他待友笃信。对于穷的文化人——文化人没有不穷的——尤其愿意用种种方法来帮助。有时，得到帮助的人竟不知道是他的力量。

他有信仰，他有理想，他有远见。他见到最后胜利的不远；他信仰我民族必有光明远大的前途。他鞠躬尽瘁于兹；虽病已深，体已弱，虽已弥留在病榻上，也还念念不忘于兹！

一个火种遗留下来，可以传之不熄。他便是这不熄的火种。

他虽死，但他的巨影还荫覆着无数的未死者们。他虽赍志以死，不及见最后胜利地完成；但未死者们一念及他的忠笃的大无畏的爱国家、爱民族的精神，便增加了无穷的勇气。

他虽死，但他的精神不死，我们悼念他；但我们一念到他，便应想到要完成他未完成的遗志、未完成的工作与他的未实现的信仰与理想！

他这埋伏下来的火种，这精神，是永远不熄的！

记刘张二先生的被刺

在洪水横流、天地变色的上海，友人们首先遇难的是刘湛恩、张似旭二先生。

在那个时候，伪"维新政府"还没有成立，只有一个牛鬼蛇神的"大道市政府"，在鬼鬼祟祟地帮助着敌人干着谋杀的工作。

我们有一个地下的组织，包括了比较上层的爱国分子：有实业家、有银行家、有保险业者、有青年会的干事、有航运公司的人，有书店老板、有报馆记者、有著作家、有海关上的职员、有会计师、有大学教授等等。每星期有一个秘密的集会。在三四年间很做了些事。在这个团体之外，还有一个专门做对外宣传的机关，"国际问题研究会"，刘湛恩和胡愈之二先生是其中的主干，温宗尧也在这会里。他们在国际上很发生了些作用。

湛恩先生是慷慨激昂惯了的，在这会里，说的话最多，做的事也最多。当时不知道温宗尧已经变了，已经变做一个敌人的走狗，还引他为同志而推心置腹地对待他。但在伪"维新政府"将出现的前夕，湛恩先生听见人言籍籍地说温宗尧也是参与"维新"组织的一人，他素来心直口快，便正言厉色地质问着他。温宗尧绝口地否认着。他倒相信了温宗尧的话。不料这一次的会却是最后的一个会。过不了几天，温宗尧终于现出他的汉奸面目，湛恩先生也遇刺成仁。"国际问题研究会"遂以解散。

友人们都相信湛恩先生的死，是温宗尧所主使或告密的。像湛恩先生那样的疾恶如仇、无所顾忌的人，敌人也许早已列在黑单上；不过这一次的事，更促成其早日发动而已。

湛恩先生他自己恐怕也已经发觉了"危险"；他预备要离开上海。他这时正担任着沪江大学的校长职务。为了他的慷慨与无畏，沪江大学里举办了不少附属的机关，成为上海一般热忱的青年"向往"的中心，他一死这些附属的机关便都烟消云散或"迁地为良"了。

如今想起湛恩先生成仁的情形还宛然在目。

有一天，我在薄暮的时候，夹着皮包，到沪江大学的一个附属机关去教课。在圆明园路的转角上，遇到了湛恩先生从对面走来。

我们立谈了一会。我问他道："你的汽车呢？"

他道："已经出卖了，预备就要走。"

我道："你走了，事情怎么办呢？"

他道："都已经交代妥当了，随时可以走。"

"感觉到有什么迫切的危险么？"

他点点头。我们黯然的握手久久而别。

这一别便不再相见！

第二天上午，我坐了双层的公共汽车往东边去。经过了静安寺路大华路口，有人问道："早上有一个在这个地方被打死的么？"卖票的答道："对的，我的那趟车刚好经过这一站，亲眼看见一个人躺在地上。凶手朝北逃。听说后来已被捉住。"

在这时，这种恐怖的暗杀事件已成了"司空见惯"的把戏，所以大家也变成不大好奇。我却纳闷着：这死的到底是一个仁人志士呢，还是一个汉奸？

傍晚，晚报出版，封面上赫然的用大字载着："沪江大学校长刘湛恩遇刺"的消息，说是，湛恩先生上午九时，在大华路口等公共汽车，一个凶手从后边跑过去，对他开了一枪，立即转身逃去。但逃到爱文义路附近，终于被路人和巡捕逮捕了。这凶手不肯说出主使的人来。

我执着报纸的手因愤激而微微地抖着。友人们里第一个为国牺牲的人；第一个死于自己人的手里的人！我不能相信：竟会有人替敌人来暗杀爱国之士的！

也许是我的"幼稚"吧，我从来不曾想到过，也从来不会相信，会有人肯替敌人做事的；——除了本来是不足齿于人类的伪"大道市政府"的一批"流氓"们。上海人至少是会采取消极的不合作主义的。难道还会有什么丧心病狂地替敌人奔走效劳么？后来知道虹口方面的公共汽车恢复了，招考女卖票员，居然有人去投考，居然考取了，已在车上卖票。我总以为这是不可想象的"怪事"。难道她们会有面目与车上乘客天天见面么？想不到竟会有人更进一步地替敌人来谋杀我们自己的仁人志士！

我伤心！我失望！我悲哀！我郁郁闷闷地感到心头上有一个瘤结，化不开，消不去！我不仅仅伤心湛恩先生的死，不仅仅悲哀一个同道的伟大的人物的凋谢，我是对于整个民族的熔铸为一体的抗敌的信念有些因失望而不能十分坚持了！——当然后来一件件的事实，证明我这个"信念"也许有些太"幼稚"。

"如果湛恩先生不卖去汽车，也许可以不至那么容易被刺中吧？"我心里想着。

但后来知道，警务人员曾从凶手身上搜出一张小条子，上面有几个数字。问他，不肯说是指的什么东西或有什么意义。经过一番调查，才明白那几个数字乃是湛恩先生汽车的号码。可见敌人处心积虑，欲置湛恩先生于死地者为时已久。即坐了汽车，也是不能避免的。所可憾者，湛恩先生到香港的船位本已定好，过两天便可以脱出险地；不料他们发动得那么快！这位同道的伟大的人物便这样的"成仁"而死！

湛恩先生死后不久，复有张似旭先生的被刺事件发生。

似旭先生是经常在上面所说的那个地下的爱国团体出席的。他虽然是英文《大美晚报》的记者，却是一个强烈的正义感的爱国者。在国际宣传上，他也尽了很大的力量。从湛恩先生被刺后，他的踪迹便相当的秘密。

我有时在跑马厅北首的一家德国咖啡馆里喝茶；那个地方人很少，尤不易碰见相识的人；窗外是一大片绿油油的草地，眼界很宽很爽。

似旭先生便在这个咖啡馆里被刺死的。

一天下午，他在那里喝茶，不知是不是曾约会了人，突然的有一个凶手走上楼，向他开了一枪。他倒在椅上死去。凶手下楼逃走，谁也不敢追他。但在门口，被一个捷克青年遇到了，抱住了不放，他又开了一枪，把那位见义勇为的异国人也打死了。

我从此不再踏进这家咖啡馆；有一种异样的伤感与悲愤抓住了我，使我不再有喝午茶的闲情逸致。

我也从此不忍常坐于双层公共汽车的上层。从东走，在车窗上，可以望得见大华路口湛恩先生成仁的地方，也要经过那家咖啡馆，似旭先生的被刺的所在，处处触目伤心！岂止是"车过腹痛"而已！

湛恩、似旭二先生死后，我们的国际宣传的工作便松懈得多了，但那个地下工作的团体还是健在着，还继续活动了三四年，一点也不曾退却，不曾忽略过一件小事或大事。集合了那么方面广大而复杂的人物在一起，经常地开着会，做着不少的事业，却始终不曾为敌人和敌人的走狗们所发觉，所注意，这不能不说是这个团体的分子的健全和机构的严密。也不能不相信：那一边虽然有少数的"为虎作伥"的汉奸们在跳梁，但最大多数的人民，却是我们的伙伴，我们的同志，我们的永远不死的前仆后继的精神的朋友！

"野有饿莩"

乞丐到处都有，而上海尤多。职业的乞丐是有组织的，收入相当可观，决不会饿死。非职业的乞丐，像黄包车夫的家属，女人孩子们，偶然做着这一行"生意"，找些意外的收入，那也是决不会挨饿的。但从"八一三"抗战以后，乞丐的数量一天天的增多，许多非职业的乞丐也都变成了职业的。尽有向来饱食暖衣的人也沦入了乞丐群中。他们竞争得异常激烈，而肯"布施"的人却是那样的少——一天天的少下去。原因是"施舍者"群自己也多半陷在"朝不保夕"的情形之下，如何能够再施舍别人呢。

日本人向世界夸口说，北平的乞丐已经肃清了，市容很整洁。但从北平来的人告诉我们：乞丐在那城市里根本不能生存；有乞的，没有舍的。沦入乞丐群的人，不到几天，或十几天便都饿死了。

上海的情形也是如此。"饿莩"在一天天的增加。

中产阶级在战前吃惯杜米饭的，渐渐的改吃洋籼米，改吃面粉制品，改吃杂粮。本来是两餐吃饭，一餐吃粥的，渐渐的改作两餐粥一餐饭了。改作两餐小米粥或绿豆粥、红豆粥之类，一餐面"疙瘩"，或面条子，或南瓜饼之类了。敌人"以战养战"，把江南产米区的米，香糯雪白的米，全都囊括而去。剩下的，小部分喂养着汉奸，极小部分才轮到老百姓头上。老百姓吃的是他们所不屑吃的碎米，发了臭的腐米，一半杂了糠粉的极坏的籼米，后来，爽爽快快的便连米粒儿也不见，除非用大价钱在黑市上搜求。

农人们自己吃不到自己种的米，应该吃米的老百姓们吃不到向来吃惯了的米，这米，一粒粒，一颗颗，雪白肥大的，全都经由汉奸们的手，堆到敌人的仓库里去。

有一天，我在霞飞路的一家商店窗口，见到一大批宣传画片，有几幅题着"满洲——东亚的谷仓"的，表现着满车满地的一袋袋的粮食。愤怒使我的脸涨红，我的双眼圆睁着，我想大声疾呼道：不错，"满洲"是谷仓，可惜在那里的人，种稻的人却全都吃不到米粮，只有那批侵略者才有份大量的恣意地享用着。

听说，在那边，中国人是不许吃米的；即做着汉奸也不成。家有藏米的人都偷偷地吃着。儿童们上学，日本教师们突然地问道：你们昨天吃的什么东西？有的说杂粮，也有的说白米饭。第二天，说吃白米饭的儿童的家里却被抄家了，把藏的白米全都车了去，还把主人带了去治罪。从此以后，某家的人如果要吃大米饭，——这当然是万分之一中的"幸运者"——便遣开了或摒除了儿童们才吃。

还有一个故事：一个汉奸到一个日本人家里吃饭；喝醉了酒，在火车上呕吐了。被发现在呕吐物里有白米饭粒，立即把他逮捕了，追问下去，连那请客的日本人也受了处分。白米饭在东北三省是不许中国人吃的，虽然种稻的是中国人！

在北平、南京的伪组织里，也规定着哪一等官吏吃哪一种米。例如特任官可吃特号杜米，二三等的职员只好吃二等米之类。老百姓们呢，根本不配有米吃！说是实行配给制度，其实配给米的影子是难得见到的。

上海人的生活也不得好。所以，向来乞丐们在家家后门口可以拿得到的残剩饭，渐渐地肯施舍的人少了，渐渐地成为绝无仅有的了。一家人家难得吃一顿饭，哪里还会有东西剩下，就是剩下一碗半碗饭的，也都要留着自己吃，如何舍得布施呢。

上海的乞丐一天天的多，失业的人川流不息的加入这一群里，但也随"生"随灭。他们活不了多久。在最近的几个月里，他们突然减少，多半是很快地便饿死。

饿肚子的人有多少痛苦，是"饱食终日，无所用心"的人所不会了解的。但每天听着街头"饿杀哉"那惨绝人寰的声音，谁的心头不荡着一股怨气，一腔悲愤，一缕沉重的郁恨！这是我们的敌人驱赶他们到这条"饿杀"的路上去的。

"战前"的乞丐呼喊求乞的声音是洪亮实大的，有种种的诉说，种种的哀婉之辞，种种的特别的专门的求乞的"术语"。但在这些时候，他们，饿了几天肚子的人，实在喊叫不出什么乞怜求悯的话了，只有声短而促，仿佛气息仅存的"饿杀哉！"一句话了。

我看见一个青年人，瘦得只剩下一副骨和皮，脸上剩下一对骨碌碌的无神的大眼睛，脸色是青白的，双腿抖着，挣扎着在扶墙摸壁地走着，口里低低地喊道"饿杀哉！饿杀哉！"我不忍闻的急走过去，我没有力量帮助他。就在那一天，或第二三天，那颤抖着的双腿一定会支持不住而倒了下去的，成为一个无名的"饿殍"，战争所产生的"饿殍"。

这样的"饿殍"天天在街头发现，天天在不断地倒毙下去。

我硬了心肠走开去，转避了眼睛不敢去看他们，但我咬紧了牙关：这笔账是要算在我们的敌人，我们的侵略者的头上的。

鸬鹚与鱼

夕阳的柔红光，照在周围十余里的一个湖泽上，没有什么风，湖面上绿油油的像一面镜似的平滑。一望无垠的稻田。垂柳松杉，到处点缀着安静的景物。有几只渔舟，在湖上淀泊着。渔人安闲地坐在舵尾，悠然地在吸着板烟。船头上站立着一排士兵似的鸬鹚，灰黑色的，喉下有一大囊鼓突出来。渔人不知怎样的发了一个命令，这些水鸟们便都扑扑地钻没入水面以下去了。

湖面被冲荡成一圈圈的粼粼小波。夕阳光跟随着这些小波浪在跳跃。

鸬鹚们陆续地钻出水来，上了船。渔人忙着把鸬鹚们喉囊里吞装着的鱼，一只只地用手捏压出来。

鸬鹚们睁着眼望着。

平野上炊烟四起，袅袅地升上晚天。

渔人拣着若干尾小鱼，逐一地抛给鸬鹚们吃，一口便咽了下去。

提起了桨，渔人划着小舟归去。湖面上刺着一条水痕。鸬鹚们士兵似的齐整地站立在船头。

天色逐渐暗了下去。湖面又平静如恒。

这是一幅很静美的画面，富于诗意；诗人和画家都要想捉住的题材。

但隐藏在这静美的画面之下的，却是一个残酷可怖的争斗，生与死的争斗。

在湖水里生活着的大鱼小鱼们看来，渔人和鸬鹚们都是敌人，都是蹂躏他们，置他们于死的敌人。

但在鸬鹚们看来，究竟有什么感想呢?

鸬鹚们为渔人所喂养，发挥着他们捕捉鱼儿的天性，为渔人干着这种可怖的杀鱼的事业。他们自己所得的却是那么微小的酬报！

当他们兴高采烈地钻没入水面以下时，他们只知道捕捉、吞食，越多越好。他们曾经想到过：钻出水面，上了船头时，他们所捕捉、所吞食的鱼儿们依然要给渔人所逐一捏压出来，自己丝毫不能享用的么？

他们要是想到过，只是作为渔人的捕鱼的工具，而自己不能享用时，恐怕他们便不会那么兴高采烈地在捕捉在吞食吧。

渔人却悠然地坐在船艄，安闲地抽着板烟，等待着鸬鹚们为他捕捉鱼儿。一切的摆布，结果，都是他事前所预计着的。难道是"运命"在播弄着的么，渔人总是在"收着渔人之利"的；鸬鹚们天生的要为渔人而捕捉、吞食鱼儿；鱼儿们呢，仿佛只有被捕捉、被吞食的份儿，不管享用的是鸬鹚们或是渔人。

在人间，在沦陷区里，也正演奏着鸬鹚们的"为他人作嫁衣裳"的把戏。

当上海在暮影笼罩下，蝙蝠们开始在乱飞，狐兔们渐渐的由洞穴里爬了出来时，敌人的特工人员（后来是"七十六号"里的东西），便像夏天的臭虫似的，从板缝里钻出来找"血"喝。

他们先拣肥的，有油的，多血的人来吮、来咬、来吃。手法很简单：捉了去，先是敲打一顿，乱踢一顿，——掌颊更是极平常的事——或者吊打一顿，然后对方的家属托人出来说情。破费了若干千万，喂得他们满意了，然后才有被释放的可能。其间也有清寒的志士们只好挺身牺牲。但不花钱的人恐怕很少。

某君为了私事从香港到上海来，被他们捕捉住，作为重庆的间谍看待。囚禁了好久才放了出来。他对我说：先要用皮鞭抽打，那尖长的鞭梢，内里藏的是钢丝，抽一下，便深陷在肉里去；抽了开去时，留下的是一条鲜血痕。稍不小心，便得受一掌、一拳、一脚。说时，他拉开裤脚管给我看，大腿上一大块伤痕，那是敌人用皮靴狠踢的结果。他不说明如何得释，但恐怕不会是很容易的。

那些敌人的爪牙们，把志士们乃至无数无辜的老百姓们捕捉着、吞食着。且偷、且骗、且抢、且夺的，把他们的血吮着、吸着、喝着。

爪牙们被喂得饱饱的，肥头肥脑的，享受着有生以来未曾享受过的"好福好禄"。所有出没于灯红酒绿的场所，坐着汽车疾驰过街的，大都是这些东西。

有一个坏蛋中的最坏的东西，名为吴世宝的，出身于保镖或汽车夫之流，从不名一钱的一个街头无赖，不到几时，洋房有了，而且不止一所；汽车有了，而且也不止一辆；美妾也有了，而且也不止一个。有一个传说，说他的洗澡盆是用银子打成的，金子熔铸的食具以及其他用具，不知有多少。

他享受着较桀纣还要舒适奢靡的生活。

金子和其他的财货一天天的多了，更多了，堆积得恐怕连他自己也不知其数。都是从无辜无告的人那里榨取偷夺而来的。

怨毒之气一天天的深；有无数的流言怪语在传播着。

群众侧目而视，重足而立；吴世宝这三个字，成为最恐怖的"毒物"的代名词。

他的主人（敌人），觉察到民怨沸腾到无可压制的时候，便一举手把他逮捕了，送到监狱里去。他的财产一件件的被吐了出来。——不知到底吐出了多少。等到敌人，他的主人觉得满意了，而且说情的人也渐渐多了，才把他释放出来。但在临释的时候，却嗾使猘狗咬断了他的咽喉。他被护送到苏州养伤，在受尽了痛苦之后，方才死去。

这是一个最可怖的鹈鹕的下场。

敌人博得"惩"恶的好名，平息了一部分无知的民众的怨毒的怒火，同时却获得了吴世宝积恶所得的无数掳获物，不必自己去搜括。

这样的效法喂养鹈鹕的渔人的办法，最为恶毒不过。安享着无数的资产，自己却不必动一手，举一足。

鹈鹕们一个个的上场，一个个的下台。一时意气昂昂，一时却又垂头丧气。

然而没有一个狐兔或臭虫视此为前车之鉴的。他们依然在搜括、在捕捉、在吞食，不是为了他们自己，却是为了他们的主人。

　　他们和鹈鹕们同样的没有头脑，没有灵魂，没有思想。他们一个个走上了同样的没落的路，陷落在同一的悲惨的运命里。然而一个个却都踊跃地向坟墓走去，不徘徊，不停步，也不回头。

汉奸是怎样造成的

我为了暨大招生的事，到过香港一趟，住了近一个月。在这一个月里，因为教育部驻港办事处附设在蔚蓝书店里，我不得不常常到那边去，有时为了收寄信件，有时为了有事要接头。

这时在蔚蓝书店里办公的，有林柏生、梅思平、朱朴之、樊仲云几个人。除了林柏生，其他的人都很熟悉。

他们天天在蔚蓝书店会面，没有什么公可办，便群居终日，言不及义。发发牢骚，骂骂人，成了习惯。他们都是自命为郁郁不得志的人物，仿佛国家亏待了他们什么的。虽然他们各有"使命"在香港，但好像都未能满其所欲。抗战正在"白热"的时候，然而他们不谈那一套，他们谈的是他们自己的切身的事。

有一天，他们谈起，某一个地方有一个谈相的人很高明，他们都曾找他相过，说的话很灵验。

"你何妨也去试试看呢？"

我摇摇头，并不去搭理他们。"不疑何卜！"

再有一天，一位朋友，在某军里服务的，经过香港。他说，会相面。于是，他们这一批人，个个都要他相相。

他们说的什么"眉毛运""鼻头运"等等，我一句也听不懂。

他说，某某人近五十岁正走运，应该可以发达，某某人便大为高兴。

他说，某某人现正"走"着某某运，他也十分的有兴头。

"你为什么不也来相一下呢？"又是一次的邀请。

我实在觉得厌恶极了！我忍耐不住，便正颜厉色地说道："为什么要算什么命，看什么相呢？我们国家民族正在与敌人作生死战的时候，我们的运命与国家的运命是分不开的。国家胜利了，我们的运命当然是不会坏的；万一不幸抗战失败了，我们还会有什么好运可走呢？"

他们默默地不作一声。

我自觉做了一次傻事。为什么要对他们讲这种大道理呢？

那时候，我还不知道他们正在进行着卖国的勾当，所以才会那样的"患得患失"。要是知道一点风声，也许把"话"还要说得凶些。

过了几天，李圣五到旅馆里找我。谈了一会，他也是满肚子的牢骚，把那些执政的人说得一文不值。那时，他也正在失意的时代，方由外交部某官"下台"，重进商务印书馆编辑《东方杂志》。

伪组织在南京"成立"的时候，那一批失意的"官僚"，便都到了南京来，走马上任，过其"官瘾"。

我到这时候，方才恍然大悟，明白他们所以要不时地"求神告佛"，"看相问卜"的原因。

因之，我也顿时恍然大悟，凡是患得患失，时时要求神告佛，看相问卜的，到底那是些什么人。

官僚政治，在中国已是根深蒂固，不易拔除，像是一座大洪炉。凡投到这大洪炉里的，不问是什么顽铁，无不立被炼成"绕指柔"的精钢；除非他本是一颗金刚钻一类的人物，才不会"同流合污"。要是曾一日为官，似乎终身便带些官脸、官气、官味。据说，曾经做过"总长"的人，这个头衔便终生不会除脱开去。有一位素来可敬的学者，不幸"出山"过一次，便被人称为"总长""总长"的直到于死。听人说，他自己也并不以此称号为忤。

林、梅、李诸逆，都是曾经尝过"官"趣的。所以一旦下野或"还我初服"，便有些不甘寂寞，静极思动起来，无时无刻，都想要重行登台。此路走不通，便要走他路；大道走不通，便要走小路；此处不留人，便别求留人处。他们所追求的是个人的功名利禄，富贵荣华，以及居室、姬妾、饮食等等的享用。

这样的"官僚们",天天都在寻找"知己",寻找"用我者",寻找他们的主子。只要主子肯垂青到他们,置之左右,饵以高官厚禄,便会鞠躬尽瘁,为其所用,那主子是何等样人,他们却不想去问一下的。

得意时恣意享受,失意时求神问卜,便是他们生成的"面相"一旦无"君",便觉得栖栖惶惶,寝食难安。国家民族的存亡,老百姓们的生死,饥馑,与他们根本痛痒无关。他们是极端的个人主义者。宁愿做汉奸,受万人唾骂,受万世唾骂,却不肯寂寞自安。

这便是汉奸之所以造成的原因,也便是中国官僚主义的深厚的流毒所聚之结果。

官僚主义不从根铲尽,汉奸是永远不会绝迹人间的!

最后一课

口头上慷慨激昂的人，未见得便是杀身成仁的志士。无数的勇士，前仆后继地倒下去，默默无言。

好几个汉奸，都曾经做过抗日会的主席；首先变节的一个国文教师，却是好使酒骂座，惯出什么"富贵不能淫，威武不能屈"一类题目的东西；说是要在枪林弹雨里上课，绝对的宁为玉碎，不为瓦全的一个校长，却是第一个屈膝于敌伪的教育界之蟊贼。

然而默默无言的人们，却坚定地作着最后的打算，抛下了一切，千山万水的，千辛万苦的开始长征，绝不做什么为国家保存财产、文献一类的借口的话。

上海国军撤退后，头一批出来做汉奸的都是些无赖之徒，或憨不畏死的东西。其后，却有"我不入地狱谁入地狱"的维持地方的人物出来了。再其后，却有以"救民"为幌子，而喊着同文同种的合作者出来。到了珍珠港的袭击以后，自有一批最傻的傻子们相信着日本政策的改变，在作着"东亚人的东亚"的白日梦，吃尽了"独苦"，反以为"同甘"，被人家拖着"共死"，却糊涂到要挣扎着"同生"。其实，这一类的东西也不太多。自命为聪明的人物，是一贯的利用时机，做着升官发财的计划。其或早或迟的蜕变，乃是作恶的勇气够不够，或替自己打算得周到不周到的问题。

默默无言的坚定的人们，所想到的只是如何抗敌救国的问题，压根儿不曾梦想到"环境"的如何变更，或敌人对华政策的如何变动、改革。

所以他们也有一贯的计划，在最艰苦的情形之下奋斗着，绝对的不做"苟全"之梦；该牺牲的时机一到，便毫不踌躇地踏上应走的大道，义无反顾。

　　十二月八号是一块试金石。

　　这一天的清晨，天色还不曾大亮，我在睡梦里被电话的铃声惊醒。

　　"听到了炮声和机关枪声没有？"Ｃ在电话里说。

　　"没有听见。发生了什么事？"

　　"听说日本人占领租界，把英国兵缴了械，黄浦江上的一只英国炮舰被轰沉，一只美国炮舰投降了。"

　　接连的又来了几个电话，有的从报馆里的朋友打来的。事实渐渐地明白。

　　英国军舰被轰沉，官兵们凫水上岸，却遇到了岸上的机关枪的扫射，纷纷地死在水里。

　　日本兵依照着预定的计划，开始从虹口或郊外开进租界。

　　被认为孤岛的最后一块弹丸地，终于也沦陷于敌手。

　　我匆匆地跑到了康脑脱路的暨大。

　　校长和许多重要的负责者们都已经到了。立刻举行了一次会议，简短而悲壮的，立刻议决了：

　　"看到一个日本兵或一面日本旗经过校门时，立刻停课，将这大学关闭结束。"

　　太阳光很红亮的晒着，街上依然的熙来攘往，没有一点异样。

　　我们依旧地摇铃上课。

　　我授课的地方，在楼下临街的一个课室，站在讲台上可以望得见街。

　　学生们不到的人很少。

　　"今天的事，"我说道，"你们都已经知道了吧，"学生们都点点头。"我们已经议决，一看到一个日本兵或一面日本旗经过校门，立刻便停课，并且立即将学校关闭结束。"

　　学生们的脸上都显现着坚毅的神色，坐得挺直的，但没有一句话。

　　"但是我这一门功课还要照常讲下去，一分一秒钟也不停顿，直到看见了一个日本兵或一面日本旗为止。"

我不荒废一秒钟的工夫，开始照常地讲下去。学生们照常的笔记着，默默无声的。

这一课似乎讲得格外的亲切，格外的清朗，语音里自己觉得有点异样；似带着坚毅的决心，最后的沉着；像殉难者的最后的晚餐，像冲锋前的士兵们上了刺刀，"引满待发"。

然而镇定、安详、没有一丝的紧张的神色。该来的事变，一定会来的。一切都已准备好。

谁都明白这"最后一课"的意义。我愿意讲得愈多愈好；学生们愿意笔记得愈多愈好。

讲下去，讲下去，讲下去。恨不得把所有的应该讲授的东西，统统在这一课里讲完了它；学生们也沙沙的不停地在抄记着。心无旁用，笔不停挥。

别的十几个课室里也都是这样的情形。

对于要"辞别"的，要"离开"的东西，觉得格外的恋恋。黑板显得格外的光亮，粉笔是分外的白而柔软适用，小小的课桌，觉得十分的可爱；学生们靠在课椅的扶手上，抚摩着，也觉得十分的难分难舍。那晨夕与共的椅子，曾经在扶手上面用钢笔、铅笔或铅笔刀，有意识或无意识地涂写着，刻画着许多字或句的，如何舍得一旦离别了呢！

街上依然的平滑光鲜，小贩们不时地走过，太阳光很有精神的晒着。

我的表在衣袋里低低地嗒嗒地走着，那声音仿佛听得见。

没有伤感，没有悲哀，只有坚定的决心，沉毅异常的在等待着；等待着最后一刻的到来。

远远的有沉重的车轮辗地的声音可听到。

几分钟后，有几辆满载着日本兵的军用车，经过校门口，由东向西，徐徐地走过，当头一面旭日旗，血红的一个圆圈，在迎风飘荡着。

时间是上午十时三十分。

我一眼看见了这些车子走过去，立刻挺直了身体，做着立正的姿势，沉毅地合上了书本，以坚决的口气宣布道：

"现在下课！"

学生们一致地立了起来，默默地不说一句话；有几个女生似在低低地啜泣着。

没有一个学生有什么要问的，没有迟疑、没有踌躇、没有彷徨、没有顾虑。个个人都已决定了应该怎么办，应该向哪一个方面走去。

炽热的心，像钢铁铸成似的坚固，像走着鹅步的仪仗队似的一致。

从来没有那么无纷纭的一致的坚决过，从校长到工役。

这样的，光荣的国立暨南大学在上海暂时结束了她的生命。默默地在忙着迁校的工作。

那些喧哗的慷慨激昂的东西们，却在忙碌的打算着怎样维持他们的学校，借口于学生们的学业、校产的保全与教职员们的生活问题。

烧书记

我们的历史上，有了好几次的大规模的"烧书"之举。秦始皇帝统一六国后，便来了一次烧书。"史官非《秦纪》，皆烧之。非博士官所职，天下敢有藏《诗》《书》百家语者，悉诣守尉杂烧之。有敢偶语《诗》《书》者弃市。以古非今者族。吏见知不举者与同罪。令下三十日，不烧，黥为城旦。所不去者，医药卜筮种树之书。若欲有学法令，以吏为师。"这是最彻底的烧书，最彻底的愚民之计，和一般殖民地政府，不设立大学而只开设些职业、工艺学校者，有异曲同工之妙。此后，烧书的事，无代无之。有的烧历史文献，以泯篡夺之迹；有的烧佛教、道教的书，以谋宗教上的统一；有的烧淫秽的书，以维持道德的纯洁。近三百年，则有清代诸帝的大举烧书。我们读了好几本的所谓"全毁""抽毁"书目，不禁凛然生畏；至今尚觉得在异族铁蹄下的文化生活的如何窒塞难堪！

"八一三"后，古书、新书之被毁于兵火之劫者多矣。就我个人而论，我寄藏于虹口开明书店里的一百多箱古书，就在八月十四日那一天被烧，烧得片纸不存。我看见东边的天空，有紫黑色的烟云在突突地向上升，升得很高很高，然后随风而四散，随风而淡薄。被烧的东西的焦渣，到处的飘坠。其中就有许多有字迹的焦纸片。我曾经在天井里拾到好几张，一触手便粉碎；但还可以辨识得出些字迹，大约是教科书之类居多。我想，我的书能否捡得到一二张烧焦了的呢？——那时，我已经知道开明书店被烧的情形——当然，这想头是很可笑的。就捡得到了又有什么意义；还不是徒增忉怛与愤激么？

这是兵火之劫；未被劫的还安全地被保存着。所遭劫的还只是些不幸的一二隅之地。但到了"一二八"敌兵占领了旧租界后，那情形却大是不同了。

我们听到要按家搜查的消息，听到为了一二本书报而逮捕人的消息，还听到无数的可怖的怪事、奇事、惨事。

许多人心里都很着急起来，特别是有"书"的人家。他们怕因"书"惹祸，却又舍不得割爱，又不敢卖出去——卖出去也没有人敢要。有好几个友人，天天对书发愁。

"这部书会有问题么？"

"这个杂志留下来不要紧么？"

"到底是什么该留的，什么不该留的？"

"被搜到了，有什么麻烦没有？"

个个人在互相的询问着，打听着。但有谁能够说明哪几部书是有问题的，或哪些东西是可留的呢？

我那时正忙于烧毁往来有关的信件，有关的记载，和许多报纸、杂志及抗日的书籍——连地图也在内。

我硬了心肠在烧。自己在壁炉里生了火，一包包，一本本，撕碎了，扔进去，眼看它们烧成了灰，一蓬蓬的黑烟从烟囱里冒出来，烧焦了的纸片，飞扬到四邻，连天井里也有了不少。

心头像什么梗塞着，说不出的难过。但为了特殊的原因，我不能不如此小心。

连秋白送给我的签了名的几部俄文书，我也不能不把它们送进壁炉里去。

我觉得自己实在太残忍了！我眼圈红了不止一次，有泪水在落。是被烟熏的吧？

实在舍不得烧的许多书，却也不能不烧。踌躇又踌躇，选择又选择。有的头一天留下了，到了第二三天又狠了心把它们烧了。有的，已经烧了，心里却还在惋惜着，觉得很懊悔，不该把它们烧去。

但有了第一次淞沪战争时虹口、闸北一带的经验——有《征倭论》一类的书而被杀、被捉的人不少——自然不能不小心。对于发了狂的兽类，有什么理可讲呢？

整整的烧了三天。我翻箱倒箧地搜查着，捧了出来，动员孩子们在撕在烧。

"爸爸，这本书很好玩，留下来给我吧。"孩子在恳求着。

我难过极了！我也何尝不想留下来呢？但只好摇摇头，说道："烧了吧，下回去买好一点的画给你。"

在这时候，就有好些住在附近的朋友们在问，什么书该烧，什么书不必烧。

我没法回答他们，领了他们到壁炉边去。

"你自己看吧。我在烧着呢。但我的情形不同。你自己斟酌着办吧。"

这一场烧书的大劫，想起来还有余栗与余憾！

不烧，不是至今还无恙么？

但谁能料得到呢？

把它们设法寄藏到别的地方去吧。

但为什么要"移祸"呢？这是我所绝对不肯做的事。

这是我不能不狠心动手烧的一个原因。

但也实在有些人把自认为"不安全"的书寄藏到别人家里去的。

这还是出于自动的烧。究竟自动烧书的人还不多。大量的"违碍"的书报还储藏在许多人家里。有许多人不肯烧，不想烧，也有人不知道烧，甚至有人压根儿没有想到这件事。

过了不久，敌人的文化统治的手腕加强了。他们通过了保甲的组织，挨户按家的通知，说：凡有关抗日的书籍、杂志、日报等等，必须在某天以前，自动烧毁或呈缴出来。否则严惩不贷。

同时，在各书店，各图书馆，搜查抗日书报，一车车地载运而去，不知运向何方，也不知它们的运命如何。

这一次烧书的规模大极了！差不多没有一家不在忙着烧书的。他们不耐烦呈缴出去，只有出于烧之一途。最近若干年来的报纸、杂志遭劫最甚。有许多人索性把报纸、杂志全都烧毁了，免得惹起什么麻烦。

外间谣传说，连包东西的报纸，上面有了什么抗日的记载，也要追究、捕捉的。

因之，旧报纸连包东西的资格也被取消了。

最可怜的是，有的朋友已经到了内地去，他们的书籍还藏在家里，或寄存在某友处。家里的人到处打听，问要紧不要紧，甚至去问保甲处的人。他们当然说要紧的，甚至还加上些恫吓的话。

于是，不分青红皂白地，他们把什么书全都付之一炬；只要是有字的，无不投到了火炉里去。

记得清初三令五申地搜求"禁书"的时候，有许多藏书家的后人，为了省得惹祸，也是将全部古书整批地烧了去。

这个书劫，实在比兵，比火，比水等等大劫更大得多，更普遍而深入得多了！

这样纷扰了近一个多月，始终不曾见敌伪方面有什么正式的文告。又有人说，这是出于误会，日本人方面并没有这个意思。

于是烧书的火渐渐地又灭了、冷了，终至不再有人提起这件事。

不烧的人，忘了烧的人，特地要小心保存这类抗日文献的人，当然也有。

许多抗日文献还保存得不少。像《文汇年刊》之类，我家里便还保存着，忘记了烧。

书如何能烧得尽呢？"野火烧不尽，春风吹又生。"以烧书为统治的手法，徒见其心劳日拙而已。

但愿这种书劫，以后不再有！

"封锁线"内外

"生"与"死"，刻画得像黑白画似的明显清晰的同在着：这一边熙熙攘攘，语笑欢哗，那一边凄凉冷落，道无行人；这一边是生气勃勃，那一边是死趣沉沉；这一边灯火通明，摊肆林立，那一边家家闭户，街灯孤照；这一边是现实的人间，活泼的世界，那一边却是"别有天地"的"黄泉"似的地狱了。

"生"与"死"，面对面地站立着，从来没有那么相近，那么面对面地同时出现过。

他们之间相隔的不过是一堵墙，一道门，甚至不过一条麻绳，或几只竹架，或一道竹篱笆。惨痛绝伦的故事就在那一堵墙，一道门，或一条麻绳的一边演出；而别一边却在旁观着，无可奈何，无能为力。

这封锁线，在上海，有大小圈之分；大的一圈包括四郊在内，小的一圈包括旧公共租界及旧法租界。临时的更小的封锁线却时时地在建立着，也不时地被撤除。

我没有进出过那大小两封锁线。听说，进出口的地方，都有敌兵在站岗，经过的人一定要对他脱帽行礼。无故的被扣留，不许通过，无故的被殴辱，被掌颊，拳打，脚踢，被枪柄击，甚至被刺刀杀死的事，时时发生。有一次，一个大雪天，一个归家的旅人，偷偷地越过竹篱笆。当夜，不曾被发觉。第二天，巡逻的敌兵经过，跟循着雪地上的足迹，到了他家，把这人捉住，不问情由的当场斩首，悬在竹篱笆上示众。

米贩子被阻止，被枪杀的故事，听到的更多。一个车夫告诉我：他经过封锁线时，眼见一个十三四岁的童子，负着一小袋米，被敌兵把米袋夺下，很随便地把刺刀戳进这童子的肚上。惨叫不绝。没有一个人敢回头看一眼。后来，这半死的童子被抛进附近的一条小河里去了。

更惨的是，被刺刀杀而未死的人，一直被抛在地上，任他喊叫着多少天才死去。没有一个人敢去救，敢去问一声讯。

南市某一个地方被封锁，经过了好久的时间才开放。封锁线内，饿死了不少人。但没有一个人敢于越线而逃出。有人向线内抛进馒首一类的食物，但也不能救活多少人。默默地被拦在"死亡线"内；默默地受饥饿而死。这不可思量的可怕的耐受苦难与厄运的精神啊！

为了一件小小的盗劫案或私人暗杀案，也往往造成敌人把上海最繁华地带封锁了十天八天的。大新公司至先施公司的一段，便这样的被封锁了不止二次三次。有种种最残酷、最恐怖的传说流行着。

多少人不知怎样的便失踪了；多少人便无缘无故地被饿死在街衢间了！

我亲自看见一幕蒲石路被封锁的情形。

在一个夜间，有一个住在那个地方的伪军军官被暗杀。这个事件一发生，那一带立刻便被封锁。出事的地点的四周都用一根麻绳拦住。居民们总有十万人以上被阻止不能进出。访友进去的，无端的不能归去了；出外办事的人，无端的到了街口，不得其门而入。最惨的是：小贩们和人力车夫们，只好在冷清清的街上徘徊着，彷徨无措，茫然地睁着大眼睛，望着封锁线外，一筹莫展。最后，还被赶到小弄里去。那恐怖失神的一双双眼睛，简直像牵到屠场去的牛群。我不敢多看，也不能多想象。我只有满腔的愤怒。

这种封锁，平常总在十天左右便开放。开放的条件据说是若干百万的私赂。

临时的封锁，自二三小时至半天左右的，成了"司空见惯"的把戏。

有一天，我到三马路的一家古书铺去。已可望见铺门了，突然的叫笛乱吹，一队敌人的宪兵和警察署的汉奸们，把住了路的两头，不许街上的任何一个人走动。古书铺里的人向我招手，我想冲过街去，但被命令站住了。汉奸们令街上的人排成了两排，男的一边，女的一边；各把市民证执在手上。

敌兵荷枪站在那里监视着。汉奸们把一个个的人检查，盘问着。挟着包袱或什么的，都——的被检查过。发现了几个没有带市民证的，把他们另外提到一边去，开始严厉的盘诘。

"市民证忘记了带出来。"

啦，啦，啦的一连串地挨了嘴巴，或用脚来乱踢一顿。

一个人略带倔强的态度，受打得格外厉害。一下下掌颊的响声，使站在那一边的我，捏紧了拳头，涨红了脸；心腔中的血都要直喷出来。假如我执有一支枪啊！……

我永不会忘记，那个穿着黑色短衣裤的家伙或东西，喂得胖胖的，他的肥硕的手掌，打人打得最凶，那"助纣为虐"的东西，实在比敌人还要可恶可恨十倍！

好容易审诘完毕，又是一声长长的叫笛一响，那一批东西向北走，又向别的地域干着同样的把戏去了。

被封锁住的人们，吐了一口长气，如释重负。

我走进那家古书铺，双手还因受刺激而发抖着。

这样的情形，天天有得遇到。

早上出外做事的人，带着自己的生命和运命同走，不知晚上究竟能不能回家。等到踏进了自己家门口，才确切地知道，这一夜算是他自己的了。

在敌人的铁蹄蹂躏之下，谁的生命会有保障呢?

这样的封锁线，天天不同的在变换着。谁也不能料到，今天在封锁线外的，明天或后天会不会被圈划进封锁线内去，默默地受苦受难，默默地受饥饿而死去。

在敌人的后方，生命的主权是不握在自己手里的。随时随地，最可怖的运命便会降临到他的，和他的一家的身上。

"生"和"死"，那间隔是如此的相近啊！

坠楼人

太阳和暖地晒在街上。行人熙来攘往，街车疾驰而过，一片的大都市的清晨的热闹的气象。仿佛谁都不知道这个大都市曾经经过了一番绝大的变动。

唯一看得出来的变化是，一所红砖的大房子，曾经在门口悬挂着星条旗的，如今换上了两面绝巨的旭日旗，旗的一角，几要拖在地面上。有一个敌兵荷枪立在门口守望着。行人们都远远地绕到对街走过。

离开这房子不远的地方，有一所大厦，向来是许多字号行庄在那里办公，进进出出的人不少。但近来忽然的减少起来。进进出出的别是一批人物。时时有土黄色的军用车停在前面。

穿海军装和陆军服的官兵们不断地在那里进进出出。谁也不知道那里面是一个什么样的机关；谁也不曾到里面去过，虽然那里面有许多人从前是很熟悉的。

正在清晨，行人车辆都很热闹的时候，突然的有一团彩霞似的东西，从那所大厦上面的一个窗口倒掷了下来，很笨重地落在水门汀的行人道上。桃红色的鲜血飞溅了一地，那落下来的却是一个人。当时便昏倒，不呻吟一声的死了去。这是一个妙龄的女郎，穿着得很华丽，一身最时髦的装束，处处都可以看得出她是十分的雍容华贵。

群众拥了上去看。但过了几分钟，敌兵们便走了来，把他们驱散。谁也不知道这坠楼人是谁家的眷属，为了什么事而坠楼，或她的坠楼是被推落的还是出于自杀的。

当时在那一带办公的人们，目睹着这幕悲剧，曾纷纷藉藉地传说着。但过了几天，他们便都忘记了这事，也不再有什么人提起她来。

在报纸上找不出那一段消息和故事来。

这惨绝人寰的故事，和其他更惨酷的故事，都是同样的出于野兽般的敌兵们的手所表演着的。

这位妙龄女郎，听说是姓贝，一个大商人的儿媳妇。她有一个保管箱在一家外商银行里。

当敌兵占领了租界后，他们出了布告，要每个保管箱的主人都要到各外商银行里，会同他们开箱查验箱内的东西。

这位女郎带了钥匙到银行里去。她的保管箱里，多的是金饰和钻石之类，但没有一点违禁之物。

那个监视她的"兽"类，却动了心，为了物，也为了人，便不问情由的将她带到了那座大厦里去，将她囚禁于某一个房间里。

不知是一天或两天或仅半天，也不知她曾经遭遇到什么样的待遇，总之，她感觉到绝望和恐惧，便趁着监守者的一时疏忽，奋身从窗口跳到楼下自尽了。

这位有烈性的妇人，应该是受褒扬的，却默默无闻的不曾有人提起过。——这比绿珠还惨痛的一个故事，一个兽性的敌人所创造成功的悲剧，一个国家在抗战中受屠杀、伤害的人物的壮烈的牺牲。

这血仇，这牺牲，是应该由我们来报复的。

如果有什么"胜利勋章"的话，那勋章是应该首先献给一大批的死难者们的，而她也是其中之一。

从"轧"米到"踏"米

江南人的食粮以稻米为主。"八一三"后，米粮的问题，一天天的严重起来。其初，海运还通，西贡米、暹罗米还不断地运来。所以，江南的米粮虽大部分已为敌军所控制，所征用，而人民多半改食洋米，也还勉强可以敷衍下去。其时米价大约二十元左右一担。但平民们已有岌岌不可终日之势。"工部局"开始发售平价米。平民们天一亮便等候在米店的门口，排了队，在"轧"米。除了排队上火车之外，这"轧"米的行列，可以说是最"长"，最齐整的了。穿制服的人，"轧"米有优先权。他们可以后到而先购，无须排队。平民们都有些侧目而视，敢怒而不敢言。

有些维持"秩序"的人，拿粉笔在每个排队的人的衣服上写上了号码。其初是男女混杂的，后来，分成了男女两队。每一家米店门前，每一队的号码有编到一千几百号的。有的小贩子，"轧"到了米，再去转卖。一天可以"轧"到好几次米，便集起来到里弄里去叫卖。以此为生的人很不少。

后来，主持平卖的人觉得这方法不好，流弊太多，小贩子可以得到米，而正当的籴米的人却反而挤不上去，便变更了方法，不写号码，而将每一个购过米的人的手指上，染了一种不易褪色的紫墨水。这一天，已染了紫色的人便不得再购第二次米。

但这方法也行了不久。"工部局"所储的米，根本不能维持得很久。洋米的来源也渐渐的困难起来。米价飞跃到八十余元一担。

"轧"米的队伍更长了。常常地排到了一两条街。有的实在支持不住了，便坐在地上。有的带了干粮来吃。小贩们也常在旁边叫卖着大饼、油条一类的充饥物。开头，"轧"米的人，以贫苦者为多，以后，渐有衣衫齐整的人加入。他们的表情，焦急、不耐、忍辱、等候、麻木、激动，无所不有，但都充分的表示着无可奈何的忍受。为了太挤了，有的被挤得气都喘不过来。为了要"活"，什么痛苦都得忍受下去。有执鞭子或竹棒的人在旁，稍一不慎，或硬"轧"进队伍去，便被打了出去。有的，在说明理由，有的，只好忍气吞声而去。强有力的人，有时中途插了进去，后边的人便大嚷起来，制止着；秩序顿时乱了起来。为了一升米，或两升米，为了一天的粮食，他们不能不忍受了一切从未经过的"忍耐""等候"与"侮辱"。

米价更涨了。一升米的平售价值，也一天天的不同起来。然而较之黑市价格还是便宜得多，所以"轧"米的行列，更加多，更加长。

有办法的人会向米店里一担两担的买。然已不能明目张胆的运送着了。在黑夜里，从米店的后门，运出了不少的米。但也有纠纷，时有被群众阻止住了，不许运出。

最大的问题是"食"，是米粮。无办法的人求能一天天的"轧"得一升半升的米，已为满足；有办法的人储藏了十担百担的米，便可安坐无忧。平民们食着百元一担，或十元一升的米时，有办法的人所食的还是八元十元一担的米。

有许多"轧"米的悲惨的故事在流传着。因为"轧"不到米，全家挨饿了几天，不得不悬梁自尽的有之。因为"轧"米而家里无人照料，失了窃，或走失了儿女的有之。因为"轧"米而不能去教书，或办事，结果是失了业的，也有之。携男带女的去"轧"米，结果还是空手而回。将旧衣服去当了钱，去"轧"米，结果，那仅有的养命的钱，却在排队拥挤中为扒手所窃去。

大多数的人家，米缸都是空的，米是放在钵里、罐里或瓶里，却不会放在缸里的。数米为饭的时候已经到了。有的人在计数着，一合米到底有几粒。他们用各种方法来延长"米"的食用的次数。有的掺和了各种的豆类，蚕豆、红豆、绿豆、黄豆，有的与山薯或土豆合煮。吃"饭"的人一天天的少了。能够吃粥的，粥上浮有多半的米粒的，已是少数的人家了。

如果有画家把这一时期的"轧米图"绘了出来，准比《流民图》还要动人，还要凄惨。那一张张不同的憔悴的面容，正象征着经历了许多年代的痛苦与屈辱的中国人民们的整个生活的面容。

　　到了后来，"工部局"的储粮空了，同时，敌人们的压力也更大，更甚了，便借着实行"配给制度"的诱惑力，开始调查户口，编制"保甲"；百数十年来向来乱丝无绪的"租界"的户口，竟被他们整理得有条有理。

　　所谓"配给制度"，便是按着户口，发给"配给证"，凭证可以购买白米及其他杂粮和日用品。开头，倒还有些白米配给出来。渐渐的米的"质""江河日下"了；渐渐的米的"量"也一天天的少下去了；渐渐的用杂粮来代替一部分的白米了。米的"质"变成了"糠"多"米"少，变成了泥沙多，米质有臭味，不能入口，变成了空谷多于米粒。这些，都是日本人所不能入口，所不欲入口的，所以很慷慨的分了一部分出来。至于我们所生产的香糯的白米呢，那是敌人们的军粮，老百姓们是没有份吃到的。

　　有几个汉奸，勾结了管理军粮的敌人们，窃出了若干白米或军粮，在黑市上卖了出来。上海人总有半年以上，能够在黑市上买得到真正的白米或杜米。那不能不归功于那些汉奸们的作弊之功——从老虎嘴里偷下了一小部分的肥肉出来。后来，这事被他们发现了，两个汉奸，侯大椿和胡政，便被他们枪决。从此以后，白米或杜米，在市面上便更少见到了。"一二八"珍珠港事变以后，海运完全断绝了，连日本本土的白米也要"江南"地方来供给，白米的来源，便更加艰难，稀少起来。

　　上海区的人民，如果有力量，不愿吃杂粮或少吃杂粮的，只好求之于少数的米贩子，那便是所谓"踏"米的人们。"踏"米的人，不过是一个代表的名词，指的便是那批用自行车偷偷地从敌人的封锁线上，载运了少数米粮过来的人。他们都是年轻力壮的汉子，冒着生命的危险，做着这种黑市交易。其他妇孺们和老年的人们也常常带了些米粮来卖。身上穿了特制的"背身"，"背身"前后面都有的，其中便储藏着白米，很机警地偷过了敌人的"检问所"。——其实，还是用金钱来买"过"的居多。他们常常的发生"麻烦"；最轻的处罚是将食米充公。封锁线的边缘上常见有许多的"没收"的白米堆积着。有的是"没收"后还被"打"，被"罚跪"。遇到敌人们不高兴的时候，便用刺刀来戳毙他们。如此遭害的人很不少。友人程及君曾绘了一幅《踏米图》，那幅图是活生生的一幅表现得很真切的凄惨的水彩画，是沦陷区人民的生活的烙印。

为了食米的输入一天天的艰难起来，敌人们的搜括，一天天的加强加多起来，米价更发狂的飞涨着。从伪币一千元两千元一担，到四千元、八千元一担。后来便是一万元、五万元的狂跳着。最后，竟狂跳到一百万元左右一担；最高峰曾经到过二百万元一担的关口。平民们简直没有吃到"白米"的福气。连所谓"二号米""三号米"也难得到口。许多人都被迫改食杂粮，从面粉到蚕豆、山薯，只要是能够充饥的东西，没有不被一般人搜寻着。饭店里也奉命不许出卖白米饭；有的改用面食；有的改用所谓"麦饭"。白米成了最奢侈的、最珍贵的东西。"配给制度"也在无形中停顿了。——从半个月配给一次，到一个月两个月配给一次，直到"无形停顿"为止。

食粮缺乏的威胁，不仅使一般平民们感受到，即有力食用白米者们也都感受到了。肉和鱼和蔬菜还有得见到，白米却都到了敌人们的"仓库"里去了。前些时，听说烟台的人请客，食米要自己随身带去。江南产米区的人们，这时也有同样的情形。历史上有一个笑话，说有一个皇帝，遇到荒年，饥民遍野，他提议说，"何不吃肉糜？"这时，倒的确有这样的"事实"了。吃肉糜易，吃白米饭却难。

假如胜利不在八月里到来的话，在冬天，饿死的人一定要成坑成谷的。然而江南产米区并不是没有米。米都被堆藏在敌人的仓库里。一包包、一袋袋堆积如山，任其红腐下去。他们还将米煮成了"饭"，做成了罐头，一罐罐地堆积着，以备第二年、第三年的军粮。

什么都被掠夺，但食粮却是他们主要的掠夺的目的物。我尝经过几个大厦，那里面的住户都已被赶了出去，无数的卡车，堆载着白米，往这些大厦里搬运进去。雪白香糯的米粒，漏得满地，这不是白米！然而沦陷区的人民是分润不到一粒的！德国人对占领地的许多欧洲人说："德国人是不会饿死的；你们不种田，不生产，饿死的是你们；最后饿死的才是德国人。"这话好不可怕！日本人虽然没有公开地说这句话，然而他们实实在在是这样做着的。

假如天不亮，我们是要首先饿死了的！

好不可怕的一场噩梦！

韬奋的最后

韬奋的身体很衰弱，但他的精神却是无比的踔厉。他自香港撤退，历尽了苦辛，方才到了广东东江一带地区。在那里住了一时，还想向内地走。但听到一种不利于他的消息，只好改道到别的地方去。天苍苍，地茫茫，自由的祖国，难道竟摈绝着他这样一位为祖国的自由而奋斗的子孙么？

他在这个时候，开始感觉到耳内作痛，头颅的一边，也在隐隐作痛。但并不以为严重。医生们都看不出这是什么病。

他要写文章，但一在提笔思索，便觉头痛欲裂。这时候，他方才着急起来，急于要到一个医诊方便的地方就医。于是间关奔驰，从浙东悄悄地到了上海。为了敌人们对于他是那样的注意，他便不得不十分的谨慎小心。知道他的行踪的人极少。

他改换了一个姓名，买到了市民证，在上海某一个医院里就医。为了安全与秘密，后来又迁徙了一二个医院。

他的病情一天天的坏。整个脑壳都在作痛，痛得要炸裂开来，痛得他终日夜不绝地呻吟着。鼻孔里老淌着脓液。他不能安睡，也不能起坐。

医生断定他患的脑癌，一个可怕的绝症。在现在的医学上，还没有有效的医治方法。但他自己并不知道。他的夫人跟随在他身边。医生告诉她：他至多不能活到二星期。但他在病苦稍闲的时候，还在计划着以后的工作。他十分焦急地在等候他的病的离体。他觉得祖国还十分的需要着他，还在急迫地呼唤着他。他不能放下他的担子。

有一个短时期，他竟觉得自己仿佛好了些。他能够起坐，能够谈话，甚至能够看报。医生也惊奇起来，觉得这是一个奇迹：在病理上被判定了死刑和死期的人怎么还会继续地活下去，而且仿佛有倾向于痊愈的可能，医生觉得有点不可思议。

这时期，他谈了很多话，拟订了很周到的计划。但他也想到，万一死了时，他将怎样指示他的家属们和同伴们。他要他的一位友人写下了他的遗嘱。但他却是绝对的不愿意死。他要活下去，活下去为祖国而工作。他想用现代的医学，使他能够继续地活下去。

他有句很沉痛的话，道："我刚刚看见了真理，刚刚找到了自己要走的路，难道便这样死了么？"

没有一个人比他更真实的需要生命，不是为了自己，而是为了真理，而是为了祖国。

他的精神的力量，使他的绝症支持了半年之久。

到了最后，病状蔓延到了喉头。他咽不下任何食物，连流汁的东西也困难。只好天天打葡萄糖针，以延续他的生命。

他不能坐起来。他不断地呻吟着。整个头颅，像在火焰上烤，像用钢锯在解锯，像用斧子在劈，用大棒在敲打，那痛苦是超出于人类所能忍受的。他的话开始有些模糊不清。然而他还想活下去。他还想，他总不至于这样的死去的。

他的夫人自己动手为他打安眠药的针，几乎不断地连续地打。打了针，他才可以睡一会。暂时从剧痛中解放出来。刚醒过来的时候，精神比较好，还能够说几句话。但隔了几分钟，一阵阵的剧痛又来袭击着他了。

他的几个朋友觉到最后的时间快要到来，便设法找到我蛰居的地方，要我去看望他。我这时候才第一次知道他在上海和他的病情。

我们到了一条冷僻的街上，一所很清静的小医院，走了进去。静悄悄的一点声息都没有。自己可以听见自己呼吸的声音。

我们推开病室的门，他夫人正悄悄地坐在一张椅上，见我们进来，点点头，悄悄地说道："正打完针，睡着了呢？"

"昨夜的情形怎样？"

"同前两天相差不了多少。"

"今早打过几回针？"

"已经打了三次了。"

这种针本来不能多打，然而他却依靠着这针来减轻他的痛楚。医生们决不肯这样连续的替他打的，所以只好由他夫人自己动手了。

我带着沉重的心，走近病床。从纱帐外望进去，已经不大认识，躺在那里的便是韬奋他自己了。因为好久不剃，胡须已经很长。面容瘦削苍白得可怕。胸部简直一点肉都没有，隔着医院特用的白单被，根根肋骨都隆起着。双腿瘦小得像两根小木棒。他闭着双眼，呼吸还相当匀和。

我不敢说一句话，静静地在等候他的醒来。

小桌上的大鹏钟在嘀嗒嘀嗒的一秒一秒地走着。

窗外是一片灰色的光，一个阴天，没有太阳，也没有雨，也没有风。小麻雀在唧唧地叫着，好像只有它们在享受着生命。

等了很久，我觉得等了很久，韬奋在转侧了，呻吟了，脓水不断地从鼻孔中流出。他夫人用棉花拭干了它。他睁开了眼，眼光还是有神的。他看到了我，微弱的说道："这些时过得还好吧？"几乎是一个字一个字挣扎出来的。

我说："没有什么，只是躲藏着不出来。"

他大睁了眼睛还要说什么，可是痛楚来了，他咬着牙，一阵阵的痉挛，终于爆出了叫喊。

"你好好的养着病吧，不要多说话了。"我忍住了我要向他说的话，那么多要说的话。连忙离开了他的床前，怕增加他的痛楚。

"替我打针吧。"他呻吟地说道。

他夫人只好又替他打了一针。

于是隔了一会，他又闭上了眼沉沉睡去。

病房里恢复了沉寂。

我有许多话都倒咽了下去，他也许也有许多话想说而未说。我静静地望着他，在数着他的呼吸，不忍离开。一离开了，谁知道是不是便永别了呢？

"我们走吧，"那位朋友说，我才蘧然从沉思中醒来。我们向他夫人悄悄说声再会，轻轻地掩上了门，退了出来。

"恐怕不会有希望的了。"我道。

"但他是那么样想活下去呢！"那个朋友道。

我恨着现代的医学者为什么至今还不曾发明一种治癌症的医方，我怨着为什么没有一个医生能够设法治愈了他的这个绝症。

我祈求着，但愿有一个神迹出现，能使这个祖国的斗士转危为安。

隔了十多天没有什么消息。我没有能再去探望他，恐怕由我身上带给他麻烦。

有一天，那位朋友又来了，说道："韬奋昨天晚上已经故世了！今天下午在上海殡仪馆大殓。"

我震动了一下，好几秒钟说不出一句话来。

我低了头，默默地为他志哀。

固然我晓得他要死，然而我感觉他不会死，不应该死。

他为了祖国，用尽了力量，要活下去，然而他那绝症却不容许多活若干时候。

他是那样的不甘心的死去！

我从来没有看见像他那样的和死神搏斗得那么厉害的人。医生们断定了一二星期死去的人，然而他却继续地活了半年。直到最后，他还想活着，还想活着为祖国而工作！

这是何等的勇气，何等的毅力！忍受着半年的为人类所不能忍受的苦，夜以继日的忍受着，呻吟着，只希望赶快愈好，只愿着有一天能够愈好，能够为祖国做事。

然而他斗不过死神！抱着无穷的遗憾而死去！

他仍用他的假名入殓，用他的假名下葬，生怕敌人们的觉察。后来，韬奋死的消息，辗转从内地传出；却始终只有极少数的人知道他是死在上海的。敌人们努力地追寻着邹韬奋的线索，不问生的或是死的，然而他们在这里却失败了！他们的爪牙永远伸不进爱国者们的门缝里去！他们始终迷惘着邹韬奋的生死和所在地的问题。

到了今天，我们可以成群的携着鲜花到韬奋墓地上凭吊了！凭吊着这位至死还不甘就死的爱祖国的斗士！

记几个遭难的朋友们

在昏雾的敌伪统治之下，具有正义感与民族意识的人士们有几个能够"苟全性命"的呢？陆蠡的死，最可痛心。他把那些敌人们当作"有理性"的"人"看待，结果却发现他们原来是一群兽，于是便殉难而亡。

其他不知名的死难者们更不知有多少。我们应该建立一座"无名英雄墓"来作永久的追念。

至于遭难被囚，幸而不死者，则在朋友们里，非常的多。有一天，在一位朋友的宴会上，在座的人，十个之中，有八个遭过难，受过敌伪的酷刑毒打的。只有我和另外一个朋友是幸免入狱受苦的人。

我自己不知怎样竟会逃过此厄；大半是要感谢遭难的朋友们的爱护，宁愿自己吃尽了苦，却绝对的不肯攀引出自己的同伴们出来。这种精神是可以惊天地，泣鬼神的！假如说，我们这一次抗战的胜利不完全是幸致的话，那么，主要的制胜之因，要归功到这种"不屈"的烈士的，或民族的英勇的精神的。

上海撤守后，首先遭难的有王伍本君。王君是国立暨南大学的学生。不知什么缘故，敌人竟到校来捕捉他。他攀住扶梯不肯走，但终于被强力拖抱而去。至今不知下落。校方曾向警局告警，但敌人取出证件，证明王君是日籍的台湾人，他们乐得袖手旁观。后来听说，王君的被捕，是为了逃避兵役。祝福这位反战的英雄，不忘祖国的壮士，但愿他至今还无恙地生存着，能够目睹台湾之重入祖国的怀抱！

第二个遭难的是吴中修先生。他是暨大的训育主任，一位最正直无私的君子人。伪方屡次的要强迫他加入伪组织，他都严词拒绝之。有一次，他步行到校办公，校门口有一部黑色的汽车停在那里。旁边有几个彪形大汉，一见他来，便捉住了他，要强拖他进汽车。他竭力地抵抗着，挣扎着，竟得挣脱了他们的捕捉，逃进校门。这时，围观的闲人们已经聚得很多，他们只好开了汽车逃去。据说，当时幸而他们未带手枪，否则，中修先生一定不会幸免的。

"一二·八"后，许广平女士是朋友们中最早遭难被捕的。她和当时做地下工作的一个民众团体有很深的关系。但她咬紧了牙根，不吐露丝毫的消息给他们。她自己吃尽了苦，然而却保全了整个团体和无数的朋友们。——我也是其中的一人——她出狱后，双腿已不良于行，头发白了许多。她是怎样的拼着牺牲了自己的生命来保护同伴们！这是一个典型的中华民族的女战士和女英雄！

夏丏尊先生无端的在一个清晨被捕了。他临走时，说："通知老板一声吧。"

敌人们立刻迫着问老板是谁，于是章雪村先生也因之连带地陷入魔手了。

他们虽没有受刑，然而天天的审问、盘查是很不好受的。

雪村先生出狱后，曾示我以狱中所作数诗；其一云："日食三餐不费钱，七时早起十时眠。一瓯香饭抟云子，半钵新茶泼雨前。汤泛琼波红滟滟，盐霏玉屑碧芊芊。煤荒米歉何须急，如入桃源别有天。"其二云："一日几回频点呼，噎凄尼散哈栖枯。低眉敷座菩提相，伸手抢羹饿鬼图。运动憧憧灯走马，睡眠簇簇罐藏鱼。剑光落处山君震，虎子兼差摄唾壶。"其三云："执戈无力效前驱，报国空文触网罟。要为乾坤扶正气，枉将口舌折侏儒。囚龙巉凤只常事，屠狗卖浆有丈夫。惭愧平生沟壑志，南冠亏上白头颅。"

他们出狱后，告诉我们说，经过这十多天的"非人生活"后，简直什么苦都可以吃得消。粗茶淡饭的生涯，不啻是人间天堂。

和他们同时"进去"的有好几十个中小学的校长和教师们。听说他们吃了不少苦，不久，也都被释放了。

友人赵景深的夫人李女士也因友人的牵连而被捕了去。

杜纪堂先生的夫人赵女士，因为内地寄了一封信给杜先生，信壳上写了她的姓名，因此也被捕。她是笃信基督教的，在狱中默念天主，心里倒很宁静。她被威胁，被劝诱，但绝对的不肯说出杜先生的所在。杜先生得脱于难，连忙避到内地去。

柯灵先生很早的被敌伪所注意。敌人们常常找他谈话，但想利用他的线索，追究很多人。他不泄露任何的事与人。有一天，我在一家茶室里和他遇到了。我向他招呼着，但他暗中使一个眼色，我连忙坐了下去，不作理会。原来他的隔座便有一个敌人的密探在。最后，敌人们对他绝望了，便捕了去，用了种种的酷刑，要他招说。他紧闭着嘴，什么也不说。出来后，他告诉友人们说，受刑不住时，心无杂念，只拼一死；除了"妈呀"地喊着外，别无他话。

李健吾、孔另境先生和杨绛女士都曾被捕，也都曾吃苦，但他们也都没有使同伴们牵连的被捕。敌人们迫胁着要他们开名单，他们所开的却都是绝不相干的人。

冯宾符先生"进去"了不止一次。每次都很有幸的被盘问后便放出。最后一次，他们把他拖到一个池塘边上；池塘里放着蛇、蜈蚣等等的毒虫，水有一人多深。他们说，他如果不招，便要掷进这池塘里去。他坐在地上，他们用足踢，用手推。但他在草地上滚了开去，终得幸免于此难。后来，被释放后，总有一两个月，他的精神，还是惊恐不安，举止还是失常。

还有个朋友，无故被捕了去，经过一个月，被放了出来，头上的发通通的变白了，我几乎不认识他。

这些朋友们，遭了难，吃了苦，为了救全同伴们，宁愿自己牺牲；有多少的同伴们因此得以保全无恙；这精神是如何的伟大！

这些遭难的朋友们，只是我所知道的遭难人们中的最少数的人们；大多数的青年人们吃的苦也许更深，受的刑也许更酷更惨，然而为了祖国，他们忍受了一切。

多少人是失了踪，死了，多少人是变成残废了。

然而祖国终于是得救了！

记复社

敌人们大索复社，但始终不知其社址何在。敌人们用尽种种方法，来捉捕复社的主持人，但也始终未能明白究竟复社的主持人是谁。

复社在敌伪统治的初期，活跃于上海的一个比较自由的小圈子里，做了不少文化工作，最主要的一个工作，便是出版《鲁迅全集》。

复社是一个纯粹的为读者们而设立的一个出版机关，并没有很多的资本。社员凡二十人，各阶层的人都有。那时，社费每人是五十元；二十个人，共一千元。就拿这一千元作为基础，出版了一部《鲁迅全集》。

当初，几个朋友所以要办复社的原因，目的所在，就是为了要出版《鲁迅全集》。这提议，发动于胡愈之先生。那时候，整个上海的出版界都在风雨飘摇之中，根本不想出版什么书。像《鲁迅全集》，也许有几家肯承印，肯出版，但在条件上也不容易谈得好。

"还是我们自己来出版吧，"留在上海的几位鲁迅先生纪念委员会的人这样地想着。

先来组织一个出版机关，这机关便是复社。

编辑委员会的工作并不轻松。以景宋夫人为中心，搜集了许多已刊、未刊的鲁迅先生的著作，加以整理，抄写，编排次序，然后付印。许多朋友，自动来参加校对的工作。煌煌廿巨册的大著，校对的事，实在很不容易。王任叔先生在这一方面和编辑方面，所负的责任最多。但假如没有许多热情的帮助，他也是"单丝不成线"的。

印刷的经费呢？资本只有一千元，还不够排印一本。复社开了社员大会，议决，先售预约。直接与读者们接触，不经过"书店"的手。记得那时的定价是：每部八元五角。我们发动了好些人，在各方面征求预约者。同时，为了补救印刷费的不足，另印一部分"纪念本"，定价每部五十元及一百元，纪念本的预订者也很不少。

居然，这煌煌廿巨册的《鲁迅全集》，像奇迹似的，在上海，在敌伪环伺侦察之下，完成出版的工作了！纪念本印得十分的考究。普通本也还不坏。主持印刷发行的是张宗麟先生，他也是专心一意的在埋头苦干着。

最可感动的是，处处都可遇到热情的帮助与自动的代为宣传，代为预约，代为校对。众力易于成事，这是一个最好的例子。这工作，虽发动于复社，虽为复社所主持，而其成功，复社实不敢独居。这是联合了各阶层的"开明"的"正直"的力量才能完成之的。

而复社的本身，虽然只有二十个社员，而且决不公布其组织与社员们的名单，而在当时，这二十位社员的本身，便也代表了"自由上海"的各阶层"开明"的与"正直"的力量。

复社还做了些其他的出版事业。她不以牟利为目的，所以基础并不稳固，营业也不能开展。所可喜悦的，便是这一股力量，这一股联合起来的力量。谁都呈献点什么，谁都愿意为"社"而工作。"有钱的出钱，有力的出力，"在复社里可以说表现得最充分。

这二十个社员，虽然不常常聚会，但团结得像铁一样的坚固。没有一个人对外说起过这社是怎样组织的。关于这社的内容，这是第一次的"披露"。

敌人们疑神疑鬼了很久，侦察了很久，但复社是一个铁桶似的组织，一点缝儿也被他们找不到。经营了近四年，却没有出过一会乱子。可见爱护她的人之多，也可见她的组织的严密。

"一二·八"太平洋战争爆发后，复社的社员们留在上海的已经很少了。这少数的人开了一次会，决定，在那样的环境之下，复社的存在是绝对不可能的，便立即做着种种解散的工作。存书与纸版都有很妥善的处置办法。复社起来的时候，像从海面上升起的太阳，光芒万丈，海涛跳拥，声势极盛；但在这时候，结束了时，也立即烟消云散，声息俱绝。

敌人们和敌人的爪牙们虽曾用了全力来追寻复社的踪迹，但像奇迹似的起来，也像奇迹似的消失了去，他们简直无从捕风捉影起。

景宋夫人的被捕，受尽了苦，但不曾吐露过关于复社的片语只言。她保全了许多的朋友们。

后来，听到不少关于敌人们和敌人的爪牙们怎样怎样的寻踪觅迹的在追找复社和复社的主持人的消息。也有不少人因复社的关系被捕过。但都没有吐露过关于复社的一丝一毫的事。冯宾符先生也是社员之一，他被捕过，且被传讯了不止五六次，但他们却始终不知道他与复社有关。

文化生活社的陆蠡先生被捕时，听说也曾向他追究过复社的事。即使他知道若干，他如何肯说出来呢？

一直到了敌人的屈膝为止，敌人宪兵队里所认为最神秘的案卷，恐怕便是关于复社的一件吧。

其实，复社并不神秘。复社是公开的一个出版机关。复社与各方面接触的时候很多。知道复社的组织内幕的人很不少。但在各方面的维护之下，复社却很安全。

凡是敌人们所要破坏的，追寻的，必定要为绝大多数同情者们所维护，所保全的。复社便是一个例子。敌人们的力量永远是接触不到这无形的同情的绝大堡垒的。

复社的社员们，除了胡咏骐先生已经亡故了之外，都还健在；虽然散在天南地北，但都还不懈的为人民，为民主而工作。这个不牟利的人民的出版机关，复社，生长于最大多数的人民的同情的维持之中的，将来必会继续存在而且发展的。她虽停顿了一时，但并没有死亡。她将更努力地为最大多数的人民服务。她的任务并没有终了。

人民需要这样的一个不牟利的出版组织。

读者们需要这样的一个不牟利的为读者们服务的组织。

"废纸"劫

收集故纸废书之风，发端于数载之前，至去岁而大盛，至今春而益烈，迨春夏之交，则臻于全盛之境矣。初仅收及废报及期刊，作为所谓还魂纸之原料。继则渐殃及所谓违碍书，终则无书不收，无书不可投入纸商之大熔炉中矣。初仅负贩叫卖者为之，继则有一二小肆亦为之。后以利之溥而易获也，若修绠堂、修文堂、来青阁、上海旧书商店诸大古书肆亦为之矣。初仅收拾本肆中难销之书，残阙之本，论担称斤以售出，继则爪牙四布，搜括及于沪杭沪宁二铁路线之周围矣，又进而罗织至平津二市矣。于是舍正业而不为，日孳孳于惟废纸破书之是务。予尝数经来青阁、修文堂及上海旧书商店之门，其所堆积者，无非造纸之原料也。有教科书、有圣经、有杂志、有大部涩销之古书、有西书、有讲义，自洋装皮脊之过时百科全书、年鉴、人名录，以至石印之《十一朝东华录》《经策通纂》《九朝圣训》，以及铅印之《图书集成》残本，无不被囊括以去。每过肆，语价时，肆主人必曰：此书论斤时，亦须值若干若干，或曰：此书之值较论斤称出为尤廉，或曰：此书如不能售，必将召纸商来，论斤称付之。此或是实情实事。肆主人如急于求售，与其售之于难遇难求之购书者，诚不如贬值些许，售之于纸商之为愈也。商人重利，利之所在，趋之若鹜。岂有蝇蚋嗅得腥膻而不飞集者！于是古书之论值，除善本、孤本外，必以纸张之轻重黄白为别。轻者黄者廉，而重者白者昂，其为何等书则不问也。其不能即售者，则即举而付之纸商，其为何等书则不问也。其书之可留应留与否则亦不问也。尝过市，有中国书店旧存古书七十余扎，凡五千余本，正欲招纸商来称斤去。予尝见其目，多普通古书，且都为有用者，若江刻《五十唐人小集》《两浙輶轩录》《杨升庵全集》《十国春秋》《水道提纲》《艺海珠尘》等书，都凡七八百种。此类书而胥欲付之大熔炉中，诚可谓丧心病狂之至者矣！肆主人云：如欲留，则应立即决定，便可不致使之成废纸矣。予力劝其留售，肆主人不顾也。曰：至多留下二十许种市上好销者，余皆无用。并且指且言曰：某也不能销，某也无人顾问，不如论斤秤出之得利多而速也。予喟然无言。至他肆屡以此数十扎书为言，力劝其收下。彼辈皆不顾，皆以不值得，不易售为言。自晨至午，无成议，而某肆主急如星火，必欲速售去。予乃毅然曰：归予得之可也！遂以六千金付之，而救得此七八百种书。时予实窘困甚，罄其囊，仅足此数，竟以一家十口之数月粮，作此一掷救书之豪举，事后，每自诧少年之豪气未衰也。属有天幸，数日后，有友复济以数千金，乃得免于室人交谪，乃得免于不举火。每顾此一堆书，辄欣然以为乐，若救得若干古人之精魄也。且此类事为予所未知者多矣。即知之，然予力有限，岂又能尽救之乎？戚戚于心，何时可已！每在乱书堆中救得一二稍可存者，然实类愚公之移山也。天下滔滔，挽狂澜于既倒者复有谁人乎？悒然忧之，愤懑积中。尝遇某人，曰：家有清时外务部石印大本《图书集成》一部，欲售之，而无应者。以今日纸价论之，若作废纸称去，亦可得二万余金也。予俯而不答。呜呼，人间何世，浩劫未艾！今而后，若求得一普通古书，价廉帙巨，而尚为纸商大熔炉劫火未及者，恐戛乎其难矣。今而后，若搜集清代普通刊本，晚清石印、铅印本书，恐必将不易易矣。兵燹固可惧，然未必处处皆遭劫也，穷乡僻壤，必尚有未遭兵燹之处，通都大邑亦必尚有未遇浩劫之地。禁毁诚可痛，然亦未必网罗至尽也；千密一疏，必有漏网者在；有心人不在少数，疏忽无知者，尤不可胜计；此皆鲁壁也。而今则大利所在，竭泽而渔，凡兵燹所不及，禁毁所未烬者，胥一举而尽之。凡家有破书数架，故纸一篓者，负贩辈必百计出之。不必论何种书也；不必视书之完阙也；不必选剔书之破蛀与否也。无须泾泾议价，更无须专家之摩挲审定，但以大称一，论担称之足矣。于是千秋万世之名著，乃与朝生暮死之早报等类齐观矣；于是一切断烂朝报，乃偕精心结构之巨作同作废纸入熔炉矣。文献之浩劫，盖莫甚于今日也！目击心伤，回天无力。惨痛之甚，几有不忍过市之感。彼堆积于市门者何物也？非已去硬面之西书，即重重叠叠之故纸旧书。剥肤敲脑，无所不至。（精明之贾，每截下一书空白之天头，以为旧纸，供修书之用。余谥之曰敲脑。）予但能指而叹曰：造孽，造孽！而市人辈则嬉笑自若，充耳不闻也。经此大劫，大江南北以及冀鲁一带之文献乃垂垂尽矣！伤哉！

　　这是去年秋天我所写札记中的一部分。《周报》索《蛰居散记》续稿，不及改写，遂以此付之。于体例上殊不相类也。

售书记

嗟食何如售故书，疗饥分得蠹虫余。

丹黄一付绛云火，题跋空传士礼居。

展向晴窗胸次了，抛残午枕梦回初。

莫言自有屠龙技，剩作天涯稗贩徒。

以上是一个旧友的售书诗，这个旧友和我常在古书店里见到。从前，大家都买书，不免带点争夺的情形，彼此有些猜忌。劫中，我卖书，他也卖书，见了面，大家未免常常叹气，谈着从来不会上口的柴米油盐的问题。他先卖石印书，自印的书，然后卖明清刊本的书。后来，便不常在古书店见到他了。大约书已卖得差不多，不是改行做别的事，便是守在家里不出门。关于他，有种种的传说。我心里很难过，实在不愿意在这里再提起，这是一位在这个大时代里最可惜、残酷的牺牲者。但写下他抄给我的这首诗时，我不能不黯然！

说到售书，我的心境顿时要阴晦起来。谁想得到，从前高高兴兴，一部部，一本本，收集起来，每一部书，每一本书，都有它的被得到的经过和历史；这一本书是从哪一家书店里得到的，那一部书是如何见到了，一时踌躇未取，失去了，不料无意中又获得之；那一部书又是如何的先得到一二本，后来，好容易方才从某书店的残书堆里找到几本，恰好配全，配全的时候，心里是如何的喜悦；也有永远配不全的，但就是那残帙也很可珍重，古宫的断垣残刻，不是也足以令人流连忘返么？那一本书虽是薄帙，却是孤本单行，极不易得；那一部书虽是同光间刊本，却很不多见；那一本书虽已收入某丛书中，这本却是单刻本，与丛书本异同甚多；那一部书见于禁书目录，虽为陋书，亦自可贵。至于明刊精本，黑口古装者，万历竹纸，传世绝罕者，与明清史料关系极巨者，稿本手迹，从无印本者，等等，则更是见之心暖，读之色舞。虽绝不巧取豪夺，却自有其争斗与购取之阅历。差不多每一本，每一部书于得之之时都有不同的心境，不同的作用。为什么舍彼取此，为什么前弃今取，在自己个人的经验上，也各自有其理由。譬如，二十年前，在中国书店见到一部明刊蓝印本《清明集》和一部道光刊本"小四梦"，价各百金，我那时候倾囊只有此数，那么，还是购"小四梦"吧，因为我弄中国戏曲史，"小四梦"是必收之书。然而在版本上，或在藏书家的眼光看来，那《清明集》，一部极罕见的古法律书，却是如何的珍奇啊！从前，我不大收清代的文集，但后来觉得有用，便又开始大量收购了。从前，对于词集有偏嗜，有见必收，后来，兴趣淡了些，便于无意中失收了不少好词集。凡此种种，皆寄托着个人的感情。如鱼饮水，冷暖自知。谁想得到，凡此种种，费尽心力以得之者，竟会出以易米么？谁更会想得到，从前一本本，一部部书零星收得，好容易集成一类，堆作数架者，竟会一捆捆，一箱箱的拿出去卖的么？我从来不肯好好地把自己的藏书编目，但在出卖的时候，卖书的要先看目录，便不能不咬紧牙关，硬了头皮去编。编目的时候，觉得部部书本本书都是可爱的，都是舍不得去的，都是对我有用的，然而又不能不割售。摩挲着，仔细地翻看着，有时又摘抄了要用的几节几段，终于舍不得，不愿意把它上目录。但经过了一会，究竟非卖钱不可，便又狠了狠心，把它写上。在劫中，像这样的"编目"，不止三两次了。特别在最近的两年中，光景更见困难了，差不多天天都在打"书"的主意，天天在忙于编目。假如天还不亮的话，我的出售书目又要从事编写了。总是先去其易得者，例如《四部丛刊》，百衲本《廿四史》之类。《四部丛刊》，连二三编，我在前年，只卖了伪币四万元，百衲本《廿四史》，只卖了伪币一万元。谁想得到，在今年今日，要想再得到一部，便非花了整年的薪水还不够么？只好从此不做收藏这一类大部书的念头了。最伤心的是，一部石印本《学海类编》，我不时要翻查，好几次书友们见到了，总要怂恿我出卖，我实在舍不得。但最后，却也不得不卖了。卖得的钱，还不够半个月花，然而如今再求得一部，却也已非易了。其后，卖了一大批明本书，再后来，又卖了八百多种清代文集，最后，又卖了好几百种清代总集文集及其他杂书。大凡可卖的，几乎都已卖尽了！所万万舍不得割弃的是若干目录书、词曲书、小说书和版画书。最后一批，拟目要去的便是一批版画书。天幸胜利来得恰如其时，方才保全了这一批万万舍不得去的东西。否则，再拖长了一年半载，恐怕连什么也都要售光了。但我虽然舍不得与书相别，而每当困难的时光，总要打它的主意，实在觉得有点对不起它！如果把积"书"当作了囤货——有些暴发户实在有如此的想头，而且也实在如此的做，听说，有一个人，所囤积的《四部丛刊》便有廿余部——那么，售去倒也没有什么伤心。不幸，我的书都是"有所谓"而收集起来的，这样的一大批一大批的"去"怎么能不痛心呢？售去的不仅是"书"，同时也是我的"感情"，我的"研究工作"，我的"心的温暖"！当时所以硬了心肠要割舍它，实在是因为"别无长物"可去。不去它，便非饿死不可。在饿死与去书之间选择一种，当然只好去书。我也有我的打算，每售去一批书，总以为可以维持个半年或一年。但物价的飞涨，每每把我的计划全部推翻了。所以只好不断地在编目，在出售；不断地在伤心，有了眼泪，只好往肚里倒流下去。忍着，耐着，叹着气，不想写，然而又不能不一部部的编写下去。那时候，实在恨自己，为什么从前不藏点别的，随便什么都可以，偏要藏什么劳什子的书呢？曾想告诉世人说，凡是穷人，凡是生活不安定的人，没有恒产、资产的人，要想储蓄什么，随便什么都可以，只千万不要藏书。书是积藏来用，来读的，不是来卖的。卖书时的惨楚的心情实在受得够了！到了今天，我心上的创伤还没有愈好；凡是要用一部书，自己已经售了去的，想到书店里去再买一部，一问价，只好叹口气，现在的书已经不是我辈所能购置的了。这又是用手去剥创疤的一个刺激。索性狠了心，不进书店，也决心不再去买什么书了。书兴阑珊，于今为最。但书生结习，扫荡不易，也许不久还会发什么收书的雅兴吧。

但究竟不能不感谢"书"，它竟使我能够渡过这几年难渡的关头。假如没有"书"，我简直只有饿死的一条路走！

我的邻居们

　　我刚刚从汶林路的一个朋友家里，迁居到现在住的地方时，觉得很高兴；因为有了两个房间，一作卧室，一作书室，显得宽敞得多了；二则，我的一部分的书籍，已经先行运到这里，可读可看的东西，顿时多了几十倍，有如贫儿暴富；不像在汶林路那里，全部的书，只有两只藤做的书架，而且还放不满。这个地方是上海最清静的住宅区。四周围都是蔬圃，时时可见农人们翻土、下肥、播种；种的是麦子、珍珠米、麻、棉、菠菜、卷心菜以至花生等等。有许多树林，垂柳尤多，春天的时候，柳絮在满天飞舞，在地上打滚，越滚越大。一下雨，处处都是蛙鸣。早上一起身，窗外的鸟声仿佛在喧闹。推开了窗，满眼的绿色。一大片的窗是朝南的，一大片的窗是朝东的；太阳光很早的便可以晒到。冬天不生火也不大嫌冷。我的书桌，放在南窗下面，总有整整的半天，是晒在太阳光下的。有时，看书看得久了，眼睛有点发花发黑。读倦了的时候，出去走走，总在田地上走，异常的冷僻，不怕遇见什么熟人。我很满足，很高兴地住着。

　　正门正对着一家巨厦的后门。那时，那所巨厦还空无人居，不知是谁的。四面的墙，特别的高，墙上装着铁丝网，且还通了电。究竟是谁住在那里呢？我常常在纳罕着。但也懒得去问人。

　　有一天早上，房东同我说，"到前面房子里去看看好么？"

　　我和他们，还有几个孩子，一同进了那家的后门。管门人和我的房东有点认识，所以听任我们进去。一所英国的乡村别墅式的房子，外墙都用粗石砌成，但现在已被改造得不成样子。花园很大，也是英国式的，但也已部分的被改成日本式的。花草不少；还有一个小池塘，无水，颇显得小巧玲珑，但在小假山上却安置了好些廉价的磁鹅之类的东西，一望即知其为"暴发户"之作风。

盆栽的紫藤，生气旺盛，最为我所喜，但可知也是日本式的东西。

正宅里布置得很富丽堂皇，但总觉得"新"，有一股无形的"触目"与触鼻的油漆气味。

"这到底是谁的住宅呢！"我忍不住地问道，孩子们正在草地上玩，不肯走。

房东道："我以为你已经知道了；这是周佛海的新居，去年向英国人买下的，装修的费用，倒比买房的钱花得还多。"

过了几个月，周佛海搬进宅了；整夜的灯火辉煌，笙歌达旦，我被吵闹得不能安睡。我向来喜欢早睡，但每到晚上九十点钟，必定有胡琴声和学习京戏的怪腔送到我房里来。恨得我牙痒痒的，但实在无奈此恶邻何！

更可恨的是，他们搬进了，便要调查四邻的人口和职业；我们也被调查了一顿。

我的书房的南窗，正对着他们的厨房，整天整夜地在做菜烧汤，烟突里的煤烟，常常飞扑到我书桌上来。拂了又拂，终是烟灰不绝，弄得我不敢开窗。我现在不能不懊悔择邻的不谨慎了。

"一二·八"太平洋战争起来后，我的环境更坏了。四周围的英美人住宅都空了起来，他们全都进了集中营。隔了几时，许多日本人又搬了进来。他们男人大都是穿军装的。还有保甲的组织，防空的练习，吵闹得附近人家，个个不安。

在防空的时候，他们干涉邻居异常的凶狠，时时有被打的。有时，我晚上回家，曾被他们用电筒光狠狠地照射着过。

有一天，厨房的灯光忘了关，也被他们狠狠地敲门打窗地骂了一顿。

一个早晨，太阳光很好，出去走走，恰遇他们在练习空防。路被阻塞不通，只好再回过来。

说到通路，那又是一个厄运。本来有一条通路，可以直达大道，到电车站很近便。自从周佛海搬来后，便常常被阻塞。日本人搬来后，索性的用铁丝网堵死了。我上电车站，总要绕了一个大圈，多花上十分钟的走路工夫。

胜利以后，铁丝网不知被谁拆去了。我以为从此可以走大道了。不料又有什么军队驻扎在小路上看守着，不许人走过。交涉了几回也没用。只好仍旧吃亏，改绕大圈子走。

和敌伪的人物无心做了邻居，想不到也会有那么多的痛苦和麻烦。

秋夜吟

　　幸亏找到了小石。这一年的夏天特别热，整个夏天我以面包和凉开水作为午餐；等太阳下去，才就从那蛰居小楼的蒸烤中溜出来，嘘一口气，兜着圈子，走冷僻的路到他家里，用我们的话，"吃一顿正式的饭。"

　　小石是一个顽皮的学生，在教室里发问最多，先生们一不小心，就要受窘。但这次在忧患中遇见，他却变得那么沉默寡言了。既不问我为什么不到内地去，也不问我在上海有什么任务，当然不问我为什么不住在庙弄，绝对不问我如今住在什么地方。

　　我突然的找到他了，突然每晚到他家里吃饭了，然而这仿佛是平常不过的事，早已如此，一点不突然。料理饮食的也是小石一位朋友的老太太，我们共同享用着正正式式的刚煮好的饭，还有汤，——那位老太太在午间从不为自己弄汤菜，那是太奢侈了。——在那里，我有一种安全的感觉。直到有一次我在这"晚宴"上偶然缺席，第二天去时看到他们的脸上是怎样从焦虑中得到解放，才知道他们是如何理解我的不安全。那位老太太手里提着铲刀，迎着我说："哎呀，郑先生，您下次不来吃饭最好打电话来关照一声啊，我们还当您怎么了呢。"

　　然而小石连这个也不说。

　　于是只好轮到我找一点话，在吃过晚饭之后，什么版画，元曲，变文，老庄哲学，都拿来乱谈一顿，自己听听很像是在上文学史之类，有点可笑。

　　于是我们就去遛马路。

　　有时同着二房东的胖女孩，有时拉着后楼的小姐 L，大家心里舒舒坦坦地出去"走风凉"，小石是喜欢魏晋风的，就名之谓"行散"。

遛着遛着也成为日课，一直到光脚踏屐的清脆叩声渐渐冷落下来，后门口乘风凉的人们都缩进屋里去了，我们行散的兴致依然不减。

　　秋天的黄昏比夏天的更好，暮霭像轻纱似的一层一层笼罩上来，迷迷糊糊的雾气被凉风吹散。夜了，反觉得亮了些，天蓝得清清净净，撑得高高的，嵌出晶莹皎洁的月亮，真是灌心涤神，非但忘却追捕，躲避，恐怖，愤怒，直要把思维上腾到国家世界以外去。

　　我们一边走着，一边谈性灵，谈人类的命运，争辩月之美是圆时还是缺时，是微云轻抹还是万里无垠。……

　　小石的住所朝南再朝南。是徐家汇路，临着一条河，河南大都是空地和田，没有房子遮着，天空更畅得开。我们从打浦桥顺着河沿往下走往下走，把一道土堆算城墙，又一幢黑魅魅的房屋算童话里的堡垒，听听河水是不是在流。

　　走得微倦，便靠在河边一株横倒的树干上，大家都不谈话。

　　可是一阵风吹过来了，夹着河水污浊的气味，熏得我们站起来。这条河在白天原是不可向迩的。"夜只是遮盖，现实到底是现实，不能化腐朽为神奇！"小石叹了口气。

　　觉着有点凉，我随手取起了放在树干上的外衣，想穿。"嗄！"Ｌ叫了起来："有毛毛虫，"外衣上附着两只毛虫呢，连忙抖拍了下去。大家一阵忙，皮肤起着栗，好像有虫在爬。

　　"不要神经过敏了，听，叫哥哥在叫呢。"

　　"不，那是纺织娘。"

　　"哪里，那一定是铜管娘。"

　　"什么铜管娘，昆虫学里没有的名字。"

　　其实谁也没有研究过昆虫学。热心地争论起来了，把毛毛虫的不快就此抖掉。

　　"听，那边更多呢，""那边更多呢。"

　　一路倾听过去，忽然有一个孩子的声音叫：

　　"在这里了。"

那是一个穿了睡衣裤的小孩，手里执着小竹笼，一条辫子梢上还系着红线，一条辫子已经散了，大概是睡了听见叫哥哥叫的热闹又爬起来的。

"你不要动，等我捉，"铁丝网那边的丛莽中有一个男人在捉，看样子很是外行，拿了盒火柴，一根根划着。

秋虫的声音到处都是，可是去捉呢，又像在这里，又像在那里，孩子怕铁丝网刺他，又急着捉不到，直叫。

小石也钻进丛莽里去了。

一个骑自行车的人经过，也停下来，放好了车，取下了车上的电石灯，也加入去捉了。

这人可是个惯家，捉了一会，他说："不行，这样，你拿着灯，我们来捉。"原来的男人很听话的赶快把灯接过来，很合拍的照亮着。

果然，不一会，骑自行车的人就捉到了一只，大家钻出来，孩子喜欢得直跳。

骑自行车的人大大的手里夹着叫哥哥，因为感觉到大家欣赏他的成功而害羞，怯怯地说道："给谁呢？给谁呢？"

原来在捉的男人就推给小石说："先给他吧，他不会捉的。"孩子也说："给你吧，我们还好再捉。"

小石被这亲热的退让和赠予弄得不好意思起来，连忙走开去，说："哪里，哪里，我原不想要，我是帮你们捉的，"想想自己又不会捉，又改说，"我不过凑凑热闹。"

我们也说："小妹妹别客气了，把它放在笼子里吧，看跳掉了。"

那个孩子才欢欢喜喜感谢地要了，男人和骑自行车的又钻进丛莽中去。

小石一边走，一边笑，一边咕噜，"我又不是小孩子，推给我做什么。"

L说："人家当你比那个小孩还小啦。这又有什么可脸红的呢。"

于是小石就辩了："月亮光底下看得出脸红脸白么？"

其实我们大家都饫饮这善良的温情而陶然了。

走得很远，回过头去，还看得见丛莽里一闪一闪亮着自行车的摩电灯。

第七辑

从政九年

——为文物古籍四处奔走

给"古董"以新的生命

到现在还有好些人没有搞通，他们常常发生疑问：要"古董"作什么用？有的人则常常开玩笑地说道："你们搞的都是假古董。"古董是真是假，那是需要专家的鉴别的功夫，那功夫是和化学家的分析、生物学家的解剖、医学家的化验的工作，同样的细致而麻烦的。且不谈真假问题——假的当然是被抛弃在一边。到底所谓"古董"究竟有什么用处？仿佛"古董"是远远地脱离了现代的生活，远远地超出了实际的工作，只是一小部分人"好古情深"，在那里搞那玩意儿。至多，为了"古董"是民族的遗产的一种，故不得不加以"保存"。研究"古董"仅仅是为了"好古"么？仅仅是为了"保存"民族遗产么？"古董"果真是与人民生活无关，与实际工作不发生联系么？

没搞通的人，主要的原因，还是因为很浓厚的保存着旧的观点——旧的对于"古董"的估价与看法。在旧的时代里，不错，"古董"是被"孤立"了起来，作为封建地主、官僚、学者和买办资本家们的玩赏、摆设、摩挲之资的。它们是被消极的"保存"着，丝毫不能发挥其应该发挥的作用。它们是很珍贵的、很古老的东西，价值很高，全世界只有那么一二件，失去了是很可惜的。《儒林外史》的作者曾经描写过一个搞"古董"破了家的人，穷得没饭吃，还手里拿着古鼎，在摩挲着，在拭探着。这便代表着"好古成癖"的一些老辈人物。进一步的学者们，明白怎样把甲骨上和钟鼎上的文字和历史的事实联系起来研究，但也只是落在"文字"的圈子里，对于整个器物是不发生兴趣的。

到了今天，人民当了家，一切都要重新估价，"古董"也要翻身了。"古董"必须恢复它的生命——永久的生存着的生命；也必须发挥其作用。给"古董"以新的生命，就是使它复活起来，积极地表现其功用，使它能够和实际生活联系起来。

"古董"的范围是很广泛的。凡一切历代的"文物"，在世间流传着的，像旧画、雕像、瓷器，原在地下埋藏着而被发掘出来的，像殷代的甲骨、铜器，远古的石器、陶器，汉唐的镜子、陶俑等等都被统称为"古董"。汉视殷、周，已为古远，故汉代以殷、周的铜鼎为宝。汉武帝得宝鼎，乃改元为"元鼎"（公元前 116—前 111 年）。历代封建主，所宝者无非是古代铜器及玉器等。唐、宋两代，曾编有许多古器物的目录。对于书画，他们也迭有记载。至于金银珠宝之类，则是盗墓人追求的目标，只是作为现实的宝货而加以处置。——到了现在，凡墓中发现有金镯、金冠、银面具及其他珠宝等，也都是由银楼收购了去，不作为古物或"古董"的。陶制的"古董"，到了清中叶，方有学者们留意收购，但也只以有"文字"者为限。陶俑之类，向来被视为不祥之物，不为盗墓者所取。到了清末，因了帝国主义者的商人和"古董"家的收购，方开始被保存了下来。其他应该受重视的文物，像古代漆器、绢绣等等，总是被毁弃了不取的。从中国有了科学的发掘工作，方使地下的文物，一针一线都得保存了下来。

历代的文物是中国人民的最高的艺术的创作，足以表现民族文化的最可夸耀的成就。它们不单说明了它们所从产生的那个时代的生活，同时，也活生生地说出了中国人民的历史的发展的过程。从它们那里，可以解答了许多的中国历史上的疑题。我们如果给它们以应有的地位，它们便会重新放射出光芒万丈的新的生命和新的光彩出来。

这必须通过作为人民大众的文化教育服务的机构，博物馆，才能充分地表现出来。改造旧有的和创立新的博物馆，乃是我们当前的重要任务和事业之一。

过去的博物馆，充其量只是"古物陈列所"。每一件文物陈列在那里，都只是"孤立"的东西，和别的东西不发生联系，也看不出来和"国计民生"有什么关系，和当时社会生活有什么牵连，更不能说明任何问题、发生什么教育作用。

现在的博物馆的任务和工作就大为不同了。它们必须担负着特定的任务，那就是：要发挥着新民主主义的，即科学的、民族的、大众的文化教育的作用。它们必须为人民大众，特别是工、农、兵打开了大门。它们必须把历代的人民大众们的智慧的创作，还之于人民大众，而说明着时代的意义、发生的历程以及在艺术上的成就等等，并解答了种种的问题。它们不仅保存着、陈列着那些珍贵的文物，而要通过了那些文物，建立起整个民族文化的灿烂光辉的系统来。

在我们今年的工作上，还只能初步的展开。我们要以实物（历代文物）配合着模型和图画，把整个中国历史的进展，依据着社会发展的规律，陈列出来。在北京的国立历史博物馆，就要负担着这个任务。今年只能布置出"原始共产社会"的一个阶段。明年内，也许把"奴隶社会""封建社会"和"半封建半殖民地社会"的三个阶段都能全部完成。这是以科学的方式，陈列着民族文化的最高成就的艺术创作，面向着人民大众，而打开了大门的。举"北京人"为例，首先是塑造着"北京人"的胸像和全身像，然后，以图画来表现"北京人"时代的生活，同时把"北京人"的遗物和这些模型、图画紧紧地联系起来。这样一来，石刀、石斧之类，便不是"孤立"的"古董"了。

还预备把它们作为"母机"，复制出若干模型、图画，分配出若干套重份的文物，有重点的在各地区建立同样的历史博物馆；更预备制作若干套的幻灯片，千千万万的连环挂图，更普及地送到工厂、农村和部队里去放映、展览，不仅要人民大众上博物馆的大门里来，同时，更要将这些展览送到人民大众的大门上去，这便是"普及"；同时，也便是"提高"的工作。

类乎此，也正在把国立故宫博物院改进着；尽快地把中央革命博物馆、中央自然博物馆等成立起来，一同发挥着"母机"的作用。

同时，又作为各种"资料"的来源和仓库。像写作一部历史剧或历史故事的电影，决不能在"戏装"上打主意，必须到博物馆里去寻找各个时代的衣冠制度、生活情况。又像要改进中国的染织工业、陶瓷工业以及其他手工艺等等，也必须到博物馆里去得到他们所需要的参考资料。

故"古董"是活的，不是死的；是动的，不是静的；是有生命的，是有新的生命、新的光芒的，不是僵尸、骸骨，更不是消极的无意义的，和人民大众的实际生活全无联系的东西。这些博物馆和工艺、科学、农业的等等展览，是有同等的重要性的，同样的能够发展着新民主主义的，即科学的、民族的、大众的文化教育作用的。

把"古董"作为"孤立"的玩赏、摆设、摩挲的对象，而斥其无用的，在思想上是存在着浓厚的旧的意识的。

中国共产党和中国人民解放军是一贯地了解民族文物的重要的。他们随时随地爱护着文物。就在抗日战争和解放战争最紧张的时期，他们还曾以战士们的血和汗，保护着全部金刻本的"赵城藏"，而不使其流散、毁坏。这精神够多么伟大！蔑视民族文物（古董）的积极的作用的，或蔑视博物馆事业和工作的重要性的人，徒见其思想的不曾搞通而已。

历史文物的保护和发掘

一

中国是一个极富于历史文物的国家，正像她有无穷的地下的矿产宝藏一样。旧石器时代的遗址可追溯到距今五十万年前的"北京人"的时期，在北京郊外周口店的遗址上，已发现那个时期打制石器及用火的痕迹。新石器时代的遗址，那就更多了，几乎遍布全国，从彩陶、黑陶、灰陶到印纹陶，各期各种的陶器，均在各个不同的地区发现。有文字记载的历史以来，从殷代（公元前17—公元前12世纪）开始，也就是说，从离今三千五百多年前开始，几乎每一个朝代，都遗留下很丰富的文物在遗址里，在墓葬里，或仍有建筑物遗存在地面上。有许多惊人的艺术品，完整的从墓葬里被发掘出来。譬如，唐代（公元618—907年）的"三彩马"，那姿势是多么轩昂，几乎有千里奔驰、一鸣空群之概。汉代（公元前206—公元220年）的陶俑，特别是少女俑的头部，那发髻的式样，那甜蜜的微笑，那细细弯弯的双眉，那细小的耳朵，还存着悬挂耳环的一双小孔，那樱桃小口上，还存留着红红的朱色，那长长的一对眼睛，充满了妩媚。再说从安阳出土的殷代的铜器，够多么精致；殷人的玉石雕刻的各种鸟兽等等，够多么写实，多么美，多么玲珑可爱。这些，只是举几个例子。像这样的历史文物都是中国古代劳动人民的伟大创造，是民族的文化艺术遗产，其中有许多是全人类所珍贵的文化遗产的一部分。它们不仅体现了中国的光辉的文化艺术的优良传统，并且为研究古代历史、吸取古代文化的精华提供了最有价值的材料。

近百年来，帝国主义者们侵入中国，随着经济、政治上的侵略的同时，对中国的文物也在清朝和国民党政府纵容之下实行了不断地掠夺。汉奸买办式的奸商们为他们奔走服务，把许多这一百年来出土的或历代流传有自的显赫的有名的古器物和绘画，劫夺到国外，还有很大一部分在全国大陆解放之前被运到台湾。

二

从中华人民共和国成立后，这种情况是当然不再容许发生了。正像中国人民在政治上和经济上得到独立、自由、解放一样，历史文物的命运也彻底地翻了一个身。凡属于中国人民所有的历史文物，人民政府坚决地予以保存和保护，不允许有任何的无意或有意的破坏、损坏或盗运、盗卖行为。

中国共产党是一贯重视民族文化遗产的。在进行革命战争的那些困苦艰难的日子里，中国共产党也没有忘记抢救和保护历史文物。例如抗日战争时期，八路军（中国人民解放军的前身）从山西赵城县作战略撤退时，携带了城内广胜寺里所藏的世界上唯一留存下来的一部金代（公元1115—1234年）刻本的"大藏经"四千三百多卷，随军撤退。有些战士为了保护这部藏经而牺牲。这部大藏经秘密的保存了起来，直到解放之后，人民解放军才把它运到北京交给北京图书馆保管。

1950年5月，中华人民共和国成立半年之后，中央人民政府政务院即颁发了一个《禁止珍贵文物图书出口暂行办法》。根据这个法令，从革命文献及实物、古生物、史前遗物、建筑物、绘画、雕刻、铭刻、图书、货币、舆服到器具，凡是有关革命的、历史的、文化的、艺术的珍贵文物和图书都被禁止出口。这样便堵塞住了一百多年来门户大开，帝国主义者们勾结奸商盗窃我国历史文物的大道。

人民政府并且积极地采取措施保护存于国内的历史文化遗产，经常组织对古文物遗址及古墓葬的调查和发掘。为此，人民政府在1950年又颁发了《古迹、珍贵文物、图书及稀有生物保护办法》和《古文化遗址及古墓葬之调查发掘暂行办法》。

颁布这些办法是完全及时的。当时正在土地改革的时期，应没收的地主、恶霸所有的历史文物，最容易遭受他们的破坏。各地人民政府切实执行了这个保护办法，其结果是搜集到许许多多的珍贵的历史文物，成为各地区筹办博物馆的基础之一。

随着经济恢复工作和后来的社会主义经济建设的大规模展开，浚河、筑路、建工厂、造铁路公路，乃至农村中的打井、垦荒，都随时有可能发现古墓葬和古文化遗址。这个《古文化遗址及古墓葬之调查发掘暂行办法》一方面规定了凡被发现了的古文化遗址及古墓葬，应即时报告当地人民政府，按照原状合理保管，以等待组织科学家们去发掘，同时也规定了"凡地下埋藏及发掘所得之古物、标本概为国有"。发掘出来之后，就应该交中央或地方博物馆保管，并公开展览。为了贯彻这些办法，人民政府在全国范围内进行了宣传工作，并且在各省市成立了文物管理的机构，又先后派出了不少勘查队，如1950年的雁北（山西省北部）文物勘查团，1953年的麦积山考察团等。在少数民族地区，也进行了不少的调查和保护工作，如1954年派出新疆文物调查组，对天山南路各地古城遗址、文物和六四五个洞窟石刻壁画进行查勘。由于旧中国考古人员数量不多而现在却大量需要，人民政府从1952年起在北京大学设立考古专业，并每年举办考古工作人员的短期训练班，从1952年到1954年，共已培养青年干部三百四十一人，分配到各地从事田野发掘和文物保护工作。

三

短短六年以来，我国在考古发掘方面，有了很大的成绩。所进行的科学的发掘工作的结果，出土物是那样的完整、有系统，可以说明种种问题，又是那样惊人地精致和美好。我们的科学家和艺术家们在过去从不曾有过或见过那么多的，那么有真确的出土地点的，那么有科学根据的古代文物。从这些古代文物，科学家们和艺术家门获得了无穷尽的新鲜的研究资料和吸取丰富的养料的泉源。举几个例子吧：前热河省兴隆县出土的战国时代的铁范（有锄、镐、斧、刀等范），证明了当时铸铁的技术已经很发达，河南、陕西、四川、甘肃、辽宁等地出土的汉代铁制生产工具（铲、锄、犁、锯、锥、斧等），各种农产物标本，灌溉设置模型和陶制水田明器，对汉代工农业生产的研究提供了最好的资料。湖南长沙和广东广州出土的汉代木船模型和广州出土的陶船模型，尤为引人注意。辽宁省的辽阳县，山东省的沂南县，河北省的望都县，以及四川省的几个地方都在汉代的墓葬里发现了生动活泼、色彩鲜艳的壁画和规模宏大的石刻及砖刻的画像。陕西省咸阳底张湾出土的唐墓壁画，河南省白沙水库出土的宋（公元960—1279年）墓壁画，也都是中国绘画研究者们最惊奇的收获。这些艺术作品还生动地反映了当时的社会情况。例如汉代的画像砖有一幅描写打盐井及熬盐，还有描写农民割稻、猎人射雁的。这些都是前所未见的汉代生活的写实主义作品。又如宋壁画上的那屈指在计算贡物数字的主妇和站在地下惶恐不安的农民们，又是把阶级矛盾表现得多么真实啊！根据不完全统计，从1950年到1954年春季，除少数民族地区之外，全国在基本建设中出土的文物在十四万件以上。

由于建设事业的推进，出土的文物还在不断地增加。例如，在出土过大批楚国铜器群的安徽省，最近又发现了一个大楚墓，已经出土了七十多件很精美的铜器。我们的博物馆是年年月月被那些新出土的历史文物继续不断地充实着的。

四

我们的政府从不曾疏忽对于古代建筑的保护。中国的古代建筑，虽绝大多数是木结构的，但那些木材与砖瓦结合的建筑物却往往能经历数百年乃至千余年而保持完好的原状。像山西省五台山上的佛光寺和南禅寺，都是唐代的建筑物。辽、金、元（公元10—14世纪）的建筑物，在北方各省是可以时时遇见的。至于公元15世纪以下的明、清两代的建筑物则是到处都有，数量很大，分布的地区很广。因之，保护工作的范围十分广大。不仅是保存、保管，而且，更重要的是修缮，那就是说，要维持建筑物的原状，要延长建筑物的寿命。1950 年 7 月中央人民政府政务院颁布的《保护古文物建筑办法的指示》规定了：凡全国各地具有历史价值及有关革命史实的文物建筑，如"革命遗迹及古城郭、宫阙、关塞、堡垒、陵墓、楼台、书院、庙宇、园林、废墟、住宅、碑塔、雕塑、石刻等以及上述各建筑物内之原有附属物，均应加以保护，严禁毁坏"。最重要的建筑物，是必须保持原状，不得加以利用的，且设有专门机构负保护、保管之责，并从事研究工作。像敦煌千佛洞就设有研究所，龙门、云冈、北京郊外的明十三陵、甘肃天水麦积山等，就各设有保管所。古建筑的修缮是有专门修整的机构的。在北京，有"全国古建筑修整所"，对于各时代的古建筑的修缮、设计与施工有丰富的经验，并有专家在负责这个重要而细致的工程。前几年，已修整过北京的故宫及许多庙宇和散布在各省的若干古建筑物。

五

　　保护历史文物已成了中国人民自觉的义务，也就是每一个公民都爱护、保护属于国家所有的一切财产。过去，把偶然出土的历史文物据为己有的风习，已经没有了。中央和地方政府经常接到各地农民和工人关于发现古墓葬、古文物的报告，也经常接受他们的捐献。工人们尤为热心，凡在施工过程中发现的东西，他们都十分妥善地保管着，并及时报告给主管部门。像在 1954 年，北京的北京饭店建筑新楼时，工人们发现了一批明代（公元1368—1644 年）的很精美的瓷器，立即报告给文化部门。宝成铁路青年工人李海章在工地发现汉代一个王太后的印章，用黄金四两制成，他立即交给政府。前面提到过的前热河省兴隆县出土的战国铁范，是当地农民吴琢在家里盖驴棚挖地基时发现后报告政府的。各地人民自动捐献的文物图书，数量也很多，天津市一地从 1951—1954 年，人民捐献的文物达八千余件。在捐献的文物中有些是相当珍贵的。凡是对发现、保护文物有功或捐献的都受到人民政府的奖励。

解放了的劳动人民非常喜爱历史文物。他们经常到博物馆去，参观各种陈列。他们对于新出土的历史文物尤为关心，每一次在出土地点举行的临时性展览，往往招致了当地多数人民来参观。1954 年 5 月到 11 月初在北京举行的"全国基本建设工程中出土文物展览会"，观众近十七万人。

关于民族文化遗产发掘问题

民族文化遗产的发掘，是我们目前工作中比较重要的课题，因之，想从下列方面谈几点意见：

（一）社会主义的文化，并不能从空而降，而是从过去文化的基础上，发展、提高的，集中一切人类最好的、最优秀的创作，取其民主性的精华，使之为广大人民群众服务。

但是，曾发生过重今轻古，重外轻中的倾向。不久前，卫生部门中展开的以贺诚为典型的轻视中医的讨论，就是鲜明的例子。在音乐方面，也将展开研究，戏剧方面，虽然做了许多工作，但还觉得不够，不深。这些倾向，应努力纠正，使我们民族的文化遗产在各个方面都能得到广泛的发展。当然，也不能重古轻今，重中轻外，两者应该恰当地运用，吸取它们的精华，使我们的文化随着社会主义建设的高潮发扬、壮大起来。

（二）我们丰富的民族文化遗产历史久远，并非空话，以浙江而论，中国戏曲的祖地在这里，绘画的浙派，也曾给外国的绘画艺术以影响，其他如陶器、石刻、园林建筑，在浙江都有悠久的历史。而在宗教方面，宋宁宗时代（距今已有 670 年），日本和尚道光就曾两次来宁波的天童，给日本的宗教发展也有所影响。

再以考古发掘工作为例，杭县的良渚、吴兴的钱山漾、嘉兴的双桥、绍兴的攒宫、永嘉的塘头、上塘等等，都是我们民族优秀的杰出的创作，成为世界上最好的文化之一。

不久前，在湖南长沙出土的天平，远在战国时代，也说明了我们民族在数学、科学计算方面也具有久远的历史，远超过西方国家。

（三）文化工作的百花齐放，也应该包括考古工作、文物工作在内。考古、文物工作是发掘过去被埋藏的东西，使之为今天有益、有用，发挥它的作用，提供实物证例进行古代艺术的发展和我们民族的物质的文化史的研究。同时，我们工作不但要注意到今天，还要为明天考虑，基本的和应用的，使我们的工作为科学研究服务，为提高人民的文化程度服务，同时，也为对广大人民群众进行爱国主义思想教育服务。

过去的考古工作，是非科学的，为少数人服务的，最多不过是为博物馆的陈列而已，破铜烂铁不要。在今天，应该克服这种错误的挖宝思想，一丝一毫都要，要记录地层、部位、年代，一方面发掘，一方面进行整理、研究，这才是我们今天所需要的工作方法。

（四）考古工作和工农业社会主义建设的关系。今天轰轰烈烈的社会主义建设工作，给我们创造了从来未有过的工作机会，打开了"地下博物馆"，我们应该感谢这一运动。最近几项重要的发现，如西安的半坡村遗址，是新石器时代的，郑州铭功路的殷代遗址等等，都是这一运动的结果，而且大多数的发现，都是由基本建设而来。目前，还在不断地继续，可见基本建设对考古工作的重大贡献。

我们应当抓紧这一时机，使其发挥更大的作用。这就要求文化部门与建设部门要密切地合作，中央的几项重大建设措施，文化部都参加意见，而且在有关的地方建立工厂，应该首先征得文化部门的同意，地方上也应该如此。我们可以举出这一方面的例子说明这一合作的重要：在西安、洛阳都有过这样的教训。事先没有取得很好的配合，建筑部门没有很好重视文化部门的意见，以致使国家财产造成重大损失，同时也破坏了考古工作（事例从略）。可见其这一合作，并不是我们专找建设部门的麻烦，而是应该在同一的目的下，做好基本建设工作，也做好考古工作。

（五）目前，在社会主义建设的高潮中，考古工作也应该有社会主义竞赛的精神。我们现在的工作还做得非常缓慢，落后于现实，赶不上今天的需要，这是我们应该加以努力的。

其次，考古工作，应该与广大人民群众结合，使其成为群众性的运动，只依靠我们有限的专职干部是不能解决问题的。我们也应该对人民群众进行保护古文物的思想教育工作，古文物是公共财产，个人不能破坏和占有。但是，有些人还认识不足。我们也应该在农民群众中选择积极分子和利用中学教师，建立文物保护小组或通讯员。河南在这方面做得很好，浙江也应该着手建立，同时，也应该把本省的文物，列出初步目录，通过省人民委员会加以公布，以后再陆续补充。一方面使我们心中有数，一方面也使得群众都晓得，这对文物保护工作是有很大益处的。

以上意见，请大家指正。

传统技术的继承问题

——我的一个紧急呼吁

我们现在是处在承前启后的一个大时代。老祖宗（也就是历代的勤劳智慧的劳动者）留传下来的许多绝技、绝活，眼看就要随着少数老年的技术专家们的衰老、死亡而"人亡技绝"了。我们得赶快抢救那些美好的、有用的、有益的技术。今天如果不做这种抢救的工作，后悔将莫及！我们有许多重要的工艺美术品，其出现与其作用都称得起不仅是中国的宝贵的财产，而且也是人类的可骄傲的晶莹的珠玉。像"缂丝"这个至精最美的丝织品，从宋朝朱克柔以来就是一种最高级的精工绝伦的工艺美术作品。用各种颜色的经纬线，细心地编织出一幅惟妙惟肖的图画，是需要工作者数月半载的辛勤苦作的。那幅紫色地子的《野凫春泛图》处处都取来作为"插图"或"饰图"的，谁知道乃是七八百年前的宋代"缂丝家"的创作呢？今天，我在苏州的一个作坊里，见到"缂丝"已经复活了，且已有了继承人，心里十分高兴。可是，总觉得重视不够。七十多岁的老技师还一天八小时（甚至十小时）坐在小织机上辛苦地穿丝引线，实在太不合理了。应该怎样把精力用在更有效的"指导"后进的方面呢？在同一作坊里，还有刺绣部门，问题也极多，从选料到题材都需要专家们的仔细研究和参加解决。"宋锦""南京缎""漳绒"等等工艺美术品同样地需要有人关心。贸易部门只求生产出好东西来，却没有一个负责部门关心于指导生产和研究如何更好地发展和改进生产。

中国的"墨"，是国际上签字必须应用的东西，因为它永远不会褪色，也是国内、国外艺术家们的必需的日常用品。但好像长久不曾生产过好"墨"了。称斤论担地把一百年，甚至二三百年前的旧墨输到国外去。我们的藏墨有限，而海外的需要无穷。收集旧墨输出，绝对不是办法。我们要造好的新墨，以供应国外市场的需要。造墨的老技师还有若干存在着。必须有一大批的人把这技术传授下来。

还有手工纸，从各种的连史纸、毛边纸、宣纸到六吉棉连、河南棉纸等等，几乎每个地方都有其特产的纸张。其原料是就地取材的，其技术是历代相传的。不仅"宣纸"成为化学工业的重要物资（最好的过滤纸之一），其他种种纸，也各有其用处。清初留下来的金丝罗纹纸，那样地细腻，那样地可爱的蜜黄色，简直见之便令人心醉。几年来，为了要影印些古本戏剧作品，曾委托商务印书馆购置了若干件连史纸。到了去年，不知何故，福建地区的连史纸，简直是姗姗其来迟。因之，耽误了出版期至半年之久。今年，据说，完全得不到连史纸了。其原因不知何在。总之，仿佛是当地不肯制造了（或者制造了，另有用处）。听说，"杭连"有恢复生产的消息。他们连忙去打听，却扑了一场空。为什么不重视土纸或手工纸的生产呢？谁要负这个责任呢？有的合作社不让农民们从事这个副业，是其原因之一。（据说，有一个合作社的负责人说，谁要生产"纸"，就让他吃"纸"好了。）但更重要的是，农民从事这项副业，无利可图，甚至有时还要亏本。像机制纸张的价格，在 1934 年，每令为四元二角五分，1955 年每令为二十二元六角八分，涨了四倍以上。但手工连史纸，在 1934 年每令为九元五角（手工毛边纸为八元），到了 1955 年每令价格反而跌落到八元七角（毛边纸每令也只有十一元八角八分）。有谁能够把这项手工业抢救一下，扶植一把呢？这些手工纸用处极大，不仅印刷古书有用，对于艺术创作家们，也大有用处。如国画家，如果得不到好纸，即使有天大的创作天才，也就"英雄无用武之地"了。像木刻家，如果用中国纸印刷其木刻画，是会显出其异样精彩来的。必须用六吉棉纸来拓铜器花纹和甲骨文的，如今没有了六吉棉纸，连带地也便把拓铜器等等绝活消灭了。河南棉纸不生产了，那么，少量的装裱古书的中缝的用纸，也就绝了种。我们的商业部号召恢复全国的名酒的所有品种。我今天在这里，也呼吁要恢复全国各地手工造纸的各种品种的生产！

说起装裱古书来，更令人十分痛心。中国的古书流传于世的并不太多，而经过种种言之不尽的灾殃（包括私运出国和造还魂纸在内），今天保存下来的为数实在有限得很。有半数以上的古书，不是虫蚀鼠啮，伤痕累累，就是纸脆和中缝裂开，几有一触手就会粉碎之感。但经过了好手装裱之后，便能整旧如新，焕然可以翻读了。这不是重赋古书以生命么？像这样的技术工人，如今已经不多了。不知何故，也不知在什么时候，仅存的若干技术工人都被赶回家乡去从事生产了。去年回到北京城一批，因为古书的买卖兴旺，迫切地需要他们来装订。今年，却又被送回家乡去。北京图书馆的善本部，有半数以上的古书（即有十万册以上），需要重装，才能供读者们阅读。但几年来，装订工人的问题始终没法解决。一部《赵城藏》，被水沾湿成了饼块，却只有一位工人在做修复的工作。有一位热心家叫道："人民解放军用血来保护的《赵城藏》，就这样地看它霉烂下去么？"这一声大喝，方才惊醒了负责的人，听说已经设法增加装订工的人数了。但别的地方的古书呢？是否仍听之霉烂呢？北京古旧书店，有一个绝大的好处，就是卖给你的书，如有破损或缺页，他们会设法替你修补好，或抄配好。这个好传统似乎应该保存下来。但装订的工人们在哪里呢？还有几十个人在乡下，大多数人是年已六十或七十，在农业合作社里做不动什么工作，只是成为"五保"的对象。为什么不请他们到北京城来，做他们专长的工作，而且可以多带些徒弟，不使这行绝活在我们这一代绝了种呢？这是两利的事，应该有人负起责任来管管才好。

　　这些绝技绝活，说起来是太多了，一时言之不尽。如果包括笔雕漆活，刻象牙，做景泰蓝，以至做檀香扇子，画宫灯的专家们在内，人数虽不太多，而部门实在广泛。文化部、商业部、轻工业部和手工业管理局、全国土特产供销合作社等等，是否可以花些时间来积极地考虑这些问题呢？不要彼推此诿，再那么"老爷"作风下去了。一切美好的，有用的，有益的绝技、绝活，我们都必须继承下去。不仅继承之，而且还要发扬光大之。处在这个承前启后的大时代，继往开来，责无旁贷。绝不让任何一样美好的、有用的、有益的工艺美术品，或任何绝技、绝活，在我们这一代绝了种！

敦煌文物展览的意义

敦煌文物的展览，不完全是表白敦煌艺术的重要性，更不是报道敦煌文物研究所的辛勤工作的经过。这个展览是有其更深刻的意义与更重要的任务的。

敦煌的地位在甘肃省的西边，离酒泉和玉门关还有不少路。从兰州到敦煌，有一条不很好的汽车道。离敦煌县东南 20 公里，便是中国艺术文物宝库的千佛洞。这个千佛洞，从晋代（366 年）开掘以来，历经北魏、西魏、隋、唐、五代、宋、元，一直到清代，甚至到现在，都是西陲的佛教信仰者们的圣地。每年都不断地有信徒们到千佛洞"朝山进香"。不知什么缘故也不知在什么时候，这个圣地却为道士们所占有，而不归和尚们管理。北魏及以后各时代，均有佛教信徒们继续地开掘洞窟，塑造佛像，在洞壁上彩绘图画，并施舍以种种的佛教经典、佛幡、佛画等等。经过一千五百年，香火不绝，彩绘常新。在五代和宋初，有张义潮和曹元忠，以敦煌为其政治的中心。五代兵戈扰攘，而这里却成为比较安定的文化的中心之一，发展着高度的艺术的成就。在北宋中叶，敦煌却和中原隔绝了。不知是哪一位僧侣，在这个时间，把千佛洞中的历代宝藏，一切可移动的文物，像古文书的写本（汉文的和其他古文字的）、佛画、佛幡等等，封闭在一个秘密的复窟中，筑了一堵墙封塞起来。经过了九百多年，在 1900 年的时候，千佛洞的主持王道士，为了修理洞窟，在无意中把这个秘密的宝库发现了。这里有从地面上堆积得很高的古写本和古画。他并不知道这些文物的可宝贵。偶然取出几卷古写本给人看。于是发现宝库的消息便在西陲流传着。在 1907 年，替英国的印度统治机构在中国西陲工作着的匈牙利人史坦因知道了，便急急忙忙地带了一个中国通译蒋孝琬，跑到千佛洞来。他千方百计诱骗王道士，得入这个宝库，恣意拣选他所需要的东西，以很少数的代价，贿买了王道士，运走了二十四箱的古写本、五箱的古画和丝绣品。史坦因在伦敦皇家地理学会里，做了一次简短的讲演。这个重要的消息便传播到全世界，引起了更多的帝国主义的学者们的觊觎。紧跟着，法国的伯希和也到了千佛洞。他是懂得中国文字的。凡史坦因所漏网未取的东西，他都一股脑儿捆载而去。在把他所盗窃的敦煌文物安全运走之后，他带了极小的一部分汉文的古写本到北京来，夸耀于当时文人学士们之前。到这个时候，中国的学人们方才如梦初醒，知道了这个消息，也知道了这些文物的可宝贵。由罗振玉、李盛铎他们为首，经过当时的学部，行文到甘肃省，叫他们把王道士扣押起来，并把敦煌千佛洞宝库里所余存的古写本等等扫数运京。在这个时候，甘肃省的大大小小的官僚们也开始知道这些古写本和古画的可宝贵，便一层层地盗窃篡取，只送了八千六百多卷的古写本到北京来。这些古写本存在李盛铎处很久。他又细心拣选了若干遍，把略略有意义的、有比较新鲜资料的古写本，全都攘为己有，而将当时认为不大有价值的佛经写本，留给当时的学部。把比较长的卷子，撕裂为二、为三，以凑足原来八千六百多卷之数。现在《敦煌劫余录》（陈垣编）里所著录的，凡可把数卷的残帙接连成为一卷的，都是那时候窃取撕裂的赃证。这八千六百多卷的古写本佛经，现存北京图书馆。除了若干卷古佚经之外，实在可以说是精华全去了。过了几年，史坦因又到敦煌去，王道士还问他再要不要那些写本。他回答道："要的。"王道士便把以狡猾的手腕秘密保存着的若干卷古写本又卖给了他。伯希和、史坦因们还曾注意到千佛洞的壁画。他们对于这些古代的最高的艺术成就，也都是馋涎欲滴的。可是拿不走。他们无法剥下这些伟大的壁画来。伯希和便逐洞摄影，印出了六大本的《敦煌千佛洞壁画集》。这部书一出版，连这些不可移动的艺术品，也成为帝国主义者们的追逐的目标了。美帝国主义者来得晚，可移动的文物已经无什么可夺取了，便移其注意力于壁画和塑像上去。美国的间谍华尔纳第一次用胶布卷去了一四五、一四四、一四一、一三九号洞的精美无匹的唐代壁画二十余方，搬走了几尊最好的塑像。第二次，他准备工夫做得很充分，想以更大的规模，来掠夺北魏、西魏的几个时代的洞窟的壁画。但在这个时候，甘肃的人民们觉醒了，他们怒吼起来，把他驱逐了出去。这样终于依靠了人民自己的力量，制止住帝国主义者们的继续的掠夺。现在千佛洞的四百六十九个洞窟的无价的壁画还能够保存得相当的完整，完全是人民自己起来保护自己的艺术宝库的结果。

这个典型的例子，足够说明帝国主义者们怎样在中国予取予求地恣意掠夺我们文化遗产，也足够说明帝国主义者的魔手是无缝不钻地向我国到处伸入的。在经济、政治、军事、文化的明目张胆的侵略之外，连我国民族的最可宝贵的艺术遗产，他们也不肯轻易放过。那时在新疆方面，英、德、日和帝俄的势力也在积极地侵入。借着探险和搜寻古物为名，实际上干的是间谍和测量地势的工作，作为军事、政治的侵略的先锋队。这证明：艺术品的掠夺和间谍的军事、政治的作用是齐头并进的。叙述着敦煌文物被掠夺的惨痛的经过，也便是叙述着一部我国近五十年来帝国主义侵略的惨痛史！这使我们提高了爱国主义的精神；这使我们感谢中国共产党和毛主席彻底地干净地扫除了百年来帝国主义的腥膻，使中国人从此站立了起来，绝对不允许过去的那么样被侵略、被掠夺的惨痛史再演！只有人民政权之下，才能保护祖国劳动人民的最高的艺术创作与文物，而不令其遭受掠夺与破坏。这便是敦煌文物展览的主要意义。

敦煌千佛洞凡四百六十九个洞窟，每个洞窟都有保存得相当好的历代的壁画和塑像。从北魏到元代，整整的一千年间，画家们和雕塑家们绵绵不绝地遗留着他们的弘伟无比的作品，在这西陲的洞中和壁上。这四百六十九个洞窟，上下蜿蜒，有 4 公里之长。若把这四百六十九个洞窟内的壁画连接起来，则足足有 25 公里之长。世界上哪里有这么伟大的一所美术馆或画廊存在着！这是我们不能不引为骄傲的！同时也使我们不得不感谢古代的艺术家们的绵绵不绝的努力，遗留给我们那么多、那么丰富、那么弘伟无比的艺术遗产！

在绘画史上，画人像与描绘社会生活的作品，乃是正宗、大宗、最主要的主题与内容。山水风景，并不能算是画家的最高的创作，更不用说翎毛花卉以至虫鱼之类的了。我国古代的画家们都是以画人像为其主要的工作的。相传屈原入楚先王庙及公卿祠堂，见其壁上图画着古贤圣怪物行事，便呵壁问天。汉代的壁画至今还存在于东北辽阳的若干古墓中。毛延寿、陈敞、刘白、龚宽、阳望、樊育都是画汉元帝时后宫宫人像的。晋代的顾恺之是以画人像著名的。唐代的吴道子也是画人像的。我们读张彦远的《历代名画记》，从古代到唐，主要的画家们都是画人像的。且记载着许多壁画家的姓名，在那些时代，中国画坛差不多是以创作壁画为主。许多大画家们没有不是从事于大规模的壁画创作的。阎立本贵为丞相，还要替皇家作写生。王维以文人而间涉笔于绘画，便开启了后代"文人学士画"的道路。宋元以来，人像退步而山水方滋。虫鱼鸟兽，花卉竹石，也占了画坛的重要地位。中国画的大宗、正宗，从此中绝。仿佛画家们都不愿意描写人间和人的社会似的。原来是以人为主，以山水花木或鸟兽为宾的；后来却变成了以物为主，以人为宾了。但在这些时代，也并不是没有画家在写人，但他们却名不入"画传"；他们只是被称为"画工"或"画匠"，默默无闻地被雇用来画喜神像，被雇用来画庙宇的壁画。就是他们绵延着中国正宗的最艰巨的画"人"的作风。敦煌千佛洞的无数的宏伟无比的壁画，便是出之于这一千年间的历代的"画工"或"画匠"之手的。我们在这里可以看出，他们是多么勇敢，多么耐心，多么有气魄地表现着历代的社会生活，表现着形形色色的人间，表现着喜怒哀乐的面相，表现着历代的衣冠制度，表现着历代的舟车和耕种的方式。在中国各地已经失去了的最好的传统，在这里却多量地丰富地被保存着。"礼失而求诸野"这句话，正可以在这里说明。他们使用的色彩是那么鲜明而复杂，他们的笔触是那么有力而婀娜，他们的线条是那么刚柔综合运用自如，他们的功力是那么细致而深厚，连冠上的饰物、衣上的织纹，以及其他极细微的地方都不肯轻轻放过，草草从事。我们站在这些伟大的古代艺术家们的作品之前，仿佛见到了那个"时代"，那个时代的社会与人物，都虎虎有生气，栩栩欲活，如在眼前。而他们的艺术又是那么高超而真切，浑重而秀丽，仿佛有一股自然的吸力，会把你紧紧拉住，觉得他们的可爱，舍不得走开去，看了一遍又一遍。他们的作为陪衬的山水鸟兽，也是活泼的，飞动的，行云舒卷，流水有声，决不是死气沉沉的，像后来的所谓山水画、禽兽花卉画的专家们的作品。我们固然不能说，宋元以来的山水画、禽兽花卉画没有很好的成就，或达到相当高的境界与相当特殊的作风，但与这些宏伟的巨幅壁画一比较，便都要黯然失色了。主要的原因是：宋元以来的所谓画坛是被出身于封建地主阶级的画家们所把持着的。宋元的时代，正是汉民族受压迫的时期。那时期的封建地主阶级的画家们，不能不沉醉于空想或幻想之中，而不欲正视人生，不敢正视社会实相。他们遂把国画作为摅写性灵或炫耀小品艺术的成就的东西。或做大幅山水，或寓意于残山剩水之间，所谓"胸中自有丘壑"；或以写字的技巧来作画，作疏疏朗朗的几笔竹石，创所谓书画同源说；或作工细精丽的翎毛花卉，牛马虫鱼，以自炫功力的精到。总之，是业余的，是即兴的，是玩赏的，是"游戏文章"，局促于一隅，自满于小小的成就。而那些画，恰好是适合于他们那一阶级的情调与趣味的。同时，画"人"是需要高度的艺术水平与修养的。所谓"画鬼容易画人难"，那一阶级的画家们决难下那么深刻的工夫来训练他们自己。故他们便脱离了绘画的大路或主流，走到了旁门左道上去。我们的敦煌的许多壁画作者们就和他们有根本上的区别了。敦煌的壁画作者们是"画工""画匠"，是货真价实的工人阶级。这个阶级是有充分的勇气正视人间与现实生活的；是老老实实地、切切实实地、辛辛苦苦地以彩绘壁画为生的；是勇敢地不追逐于"时名"与时代风气之后，坚持到底地走着正当的、正确的、正宗的大道的；是画最大多数的人民所"喜见乐闻"的图画的；是下死功夫研究人生，表现人生，捉住当代的社会实相而表现之于宗教壁画上的；决不顾影自怜，搔首弄姿。这一支勇敢的绘画大军，一直是被压迫、被屈辱、被歧视的；直到现在还有少数的人在大同、张家口或其他地区埋头工作着。在这里，我们很明显的可以看出封建时代那两个不同阶级——地主们和工人们——的面相。在中国历史上，没有别的东西，可以更好地说明这两个不同阶级的立场与表现了。所以像敦煌千佛洞的壁画才是真实的出于工人之手，才是真实的古代劳动人民的最高的艺术的成就。我们在这里看到那么多幅——其实还只是很小的一部分——古代工人们的最高的智慧与劳力的创作，我们不能不引以为骄傲，且更证明了毛主席所说的中国人民是"伟大的勇敢的勤劳的"的真理。只有在人民政权底下，我们古代劳动人民所创作的最高的艺术作品，方能够得到更好的照顾、保护，得到应该获得的重视，并能使之发扬光大，给后来艺术家们以研究、接受的机会。

我们应该学习古代画工们或画匠们的集体主义创作的精神；学习他们认真、严肃的创作态度。敦煌壁画的被重视、被公开展览，就是表示我们从中国美术遗产中所要继承的正是这些人民创作的传统，而不是什么"文人学士画"的传统。只有劳动阶级的艺术家们才会有这种伟大的集体合作的精神与认真、严肃的创作态度。

在那里提供出丰富的从北魏到元的一千年间的封建社会的人民生活历史资料；那些资料是历史家最好的参考与依据。在别的地方是不会得到那么多样的、丰富的、生动活泼的资料的。研究建筑工程的，研究图案的，研究服饰的，研究生产工具与生产方式的，在那里都可以得到很丰富的"资源"。

在敦煌壁画上，我们还可以看出一部分的外来影响与作风，可能有一小部分还是出于西域的或外来的艺术家们的手笔。但那些影响与作风已是中国化了的。故在那里，可以显示出我们古代伟大的劳动阶级的艺术家们，怎样的以伟大的融合力与创造力，接受外来艺术形式的影响而创造出中国艺术的民族形式。只有劳动阶级的艺术家们才会从各种不同的新鲜的来源里吸取了可用的养料来丰富自己。

在那里，我们自会接受一种感应，不由得不加强爱国主义精神，认识祖国文化的如何悠久、丰富伟大！在那里，我们自会感受到属于劳动阶级自己的艺术家们是如何的伟大，如何的富于创造力、融合力，如何能够坚持到底地绵延着中国艺术的伟大的传统。

在那里，我们不用花费多少说明，就可以知道敦煌文物研究所的诸位艺术家们和工作人员们如何辛勤、坚忍地在远远的西陲，埋头苦干了八年的光荣的经过。我们得感谢他们的努力，使我们能够通过他们的努力，见到古代的劳动人民的艺术家们的那么多的伟大的作品。

朱翊钧的"地下宫殿"

封建社会里的最大的地主和最高的统治者就是帝王。他是以"天下"为他自己的家产的。他的生前享尽了"以天下养一人"的"福气",到死后还要继续地装阔气,要把生前所享用的东西也都带到地下去享受。因之,从他一登基做皇帝开始,就经营着他的"葬身之地",即坟墓的建筑。他的坟墓建筑得十分弘伟,简直是一座大宫殿,甚至比地面上所建筑的大宫殿还要考究得多。地上的宫殿,多半是砖木建筑,但地下宫殿则都是巨大石块大理石面和大砖所建成的。他要使他的"地下宫殿"和他自己的身体永远地不朽。

明代的皇帝,第一代朱元璋埋葬在南京。第二代建文帝朱允炆则生死不明,不知葬身何地。从第三代永乐帝朱棣起,便都埋葬北京的天寿山一带,共有十三座王陵,那个地方就号称为"十三陵"。只有景帝朱祁钰另葬他处,朱棣死于1424年7月,死后即葬于长陵,那是十三陵里规模最大的一座。

在明代各帝里享国最久是朱翊钧。他从隆庆六年六月做了皇帝起(第二年改元为万历元年)到万历四十八年七月他身死为止,整整地做了四十八年的皇帝(1573—1620年)。这朱翊钧在位期间,正逢着关外有努尔哈赤的兴起,播州又有杨应龙的起来,以及其他各地的农民起义之举,络绎不绝。官僚地主们奢侈无比,剥削益甚,各树党羽,彼此相攻。阶级矛盾,尖锐到了极点。正是"山雨欲来风满楼"的大变动的前夕。在他那时代,不仅"民穷",即国库也十分空虚。我们读他的管理财政的大臣毕自严的度支奏议,就可以知道他那时代的如何竭力地搜括富源,以横征暴敛来剥削人民的情况了。但是他的墓室的建筑却显得相当弘伟。

在这个皇帝的"地下宫殿"里，我们发现了不少的最精致的艺术品。

首先，宫殿的建筑是很宏大美好的。一共有三层大门，每扇门都是用整块白色大理石雕刻出来的。屋顶是穹形的，它和四壁全用大石块砌成，工程很不简单。那两间长长的耳室，也全都是白大理石的大门，石砌的穹形屋顶和四壁。大门的横楣是用铜铸成的。把石门推开时，会发出咚咚的悦耳的响声。

中间的一个大殿，大概是享殿，陈列着三张白大理石雕大椅，那些龙盘曲着身体，把龙头伸出大石椅的靠背上，显得很有神气。每张石椅之前都摆设着一套"五供"，都是黄色的琉璃窑烧成的，上面插着的蜡烛和香把都还很完好。又有三个大青花瓷缸，盛满了油。原来是燃点着的长明灯吧，但不知在何时熄灭了，油还剩着大半缸。这三个大青花缸，很名贵，上面有"大明嘉靖年制"的款识。嘉靖（1522—1566 年）时代的那么大的青花缸是十分罕见的宝物。

再走进去，便是那最后一间摆放着三具朱漆木棺的正殿了。

被我们首先发现的一顶"凤冠"，乃是 16 世纪末，或 17 世纪初的十分精美的制作。全是点翠的金凤和花朵做成，那鲜艳的翠色还完全没有剥落掉。金工的冶铸、雕镂与镶嵌是杰出之作。还有一大批的金制的爵杯、脸盆、盘、碗、酒壶，和许多锡制的日常饮食用具等等。这些三百多年前的王宫里的日用品是足以表现出那个时代的手工艺工人们的精工的制作的成就的。

在朱翊钧大棺的两侧，我们清理出了不少精美的瓷器，还有若干金元宝、银元宝、一把镶嵌了宝石的宝剑和黄金制成的一身盔甲。那些金、银、珠宝是远远地超出其本身的"金""银"价值的。有绝对年代可考的金、银元宝和三百多年前的一个皇帝所使用的宝剑和盔甲，那惹人注目和可作为科学研究的依据的价值是很难估计得出来的。

在两个皇后的棺旁，堆放着几只已朽坏了的皮箱，箱里倒看出来有些凤冠一类的东西。朱翊钧的大棺两旁，也堆放着些"梅瓶"一类的东西。正墓室的两旁，有两间大耳室。我们在汉墓的发掘里，往往发现其耳室堆满了殉葬品，但这里却没有。据说，这两间耳室是预备停放在他前后死去的嫔妃的棺木的。但不知何故，一个嫔妃的棺木也不曾埋葬进去。

在墓室的石台边上和壁角上，堆了不少木雕的小文官俑和小马俑，有许多还比较完好。那些都是气魄很小，制作粗陋的木俑，固然比不上长沙楚墓和汉墓出土的木俑，比不上西安唐墓出土的三彩俑；甚至也比不上"南唐二主陵"出土的许多黑色的陶俑。还有若干的锡制的小仪仗，那些，也只是"具体而微"的"应有尽有"的殉葬小物件而已。

最后，我们进行清理三具木棺里的东西。棺木都已腐朽，逐渐地一张张地剥下朱红色的厚漆皮，然后很容易地便把棺盖打开，全神贯注地在对朱翊钧的棺内的殉葬品做极为慎重、细致地绘画、拍照等等工作。一打开棺来，我们便看见棺内有发亮的白玉雕刻的一只爵杯和一只碗。那只碗，下有金托，上有金盖，盖上还嵌着鲜红的珊瑚做的把手。在尸体的头边，有一个盒子，也已朽败了，盒内盛的却是一顶朱翊钧所戴的"金冠"。那是十分精致而美丽的金工的制作，所雕镂成的或编织成的花纹图案，至今还放射出迷人的光彩来。玉带有好几条，雕刻得也很精美。尸身四周的空隙里，全都塞满了金红色相间的一匹匹的织锦。一时发现了那么多的明代织锦，乃是空前的消息，这对我们研究明代织锦工业有很大的帮助。

朱翊钧的"哀册"是木制的，他和他的两个妻子的"尊号"玺印，也都是木制的。

还有不少的文物也都可供我们作研究、参考之用。

这就是"古为今用"的一个好例子。把深深地埋藏在地下的"宫殿"，使之重见天日，把几百年前很精美的许多手工艺品、日常用品再行和我们见了面，这不仅是供给了研究历史的专家们的最可靠的"实物史料"，而且也是使广大人民了解古代艺术品的精美和从前劳动人民的成就，并能从之而对制作现代新工艺品有很大的参考价值和帮助。

化无用为有用，让"地下宫殿"和其藏品来为今天的人民服务，那就是我们发掘朱翊钧的"定陵"的意义和作用。

拆除城墙问题

古老的城墙在古代是发挥了它的保卫人民生命、财产的作用的。在现代的战争里，城墙是没有什么用处了，于是有人主张拆除，也还有人举出几十条理由来助长拆除之风的。我不是一个保守主义者。该拆除的东西，非拆不可的东西，那一定得拆，而且应该毫不犹豫地主张拆。可是城墙是不是非拆不可的一类东西呢？是不是今天就要拆除干净了呢？我主张：凡是可拆可不拆或非在今天就拆不可的东西，应该"刀下留人"，多征求意见，多展开讨论，甚至多留几天或几年再动手。举一个例。北海前面的团城，是北京城里最古老的古迹名胜之一。当决定要改宽金鳌玉蝀桥的时候，有好些人主张拆除团城，连根铲平，否则，这道桥就没法修宽。但经过专家们的仔细研究的结果，团城是保留下来了，金鳌玉蝀桥的工程也按照计划完成了。这不仅不矛盾，而且还相得益彰，为北京市维护了这个十分美好的风景地，同时，也绝对地没有妨碍交通。

许多名胜古迹或风景区，都应该照此例加以十分的周到的考虑，予以同情的保护，万万不可人云亦云，大刀阔斧地加以铲除，像对付最凶狠的敌人似的，非使之从地图上消灭掉不可。要知道古迹名胜是不可移动的，都市计划是由专家们设计施工的，是可以千变万化，因地、因时、因人制宜的。最高明的城市计划的专家们是会好好地把当地的名胜古迹和风景区组织在整个都市范围之内，只显得其风景美妙，历史久长，激发人民爱国爱乡之念。只有好处，没有任何坏处。不善于设计的，不懂得文化、历史、艺术的人，则往往认为有碍建设计划，非加以毁坏不可。小孩们走路跌倒，往往归咎于路石，而加以咒骂踢打。仰面向天，大摇大摆的行者，撞到牌坊的柱子上了，就以为那柱子该死，为何不让路给他。古迹名胜或风景区是不会说话的，但人是会动脑筋的。如何技巧地和艺术地处理一个城市的整个发展的计划是需要很大地辛勤地研究，仔细地考虑，广泛地讨论，而决不应该由几个人的主观主义的决定，就操之过急地判决某某古迹名胜的死刑的。人死不可复生，古迹名胜消灭了岂可照样复建！在下笔判决之前，要怎样地谨慎小心，多方取证啊。城墙也便是属于风景线的一类。"绿杨城郭是扬州"。（如今扬州是没有城的了！）城墙虽失去了"防御"的作用，却仍有添加风景的意义。今天拆除城墙的风气流行各地。千万要再加考虑，再加研究一番才是。除了那个都市发展到非拆除城墙不可的程度，绝对不可任意地乱拆乱动。三五百年以上的城砖，拿来铺马路，是绝对经不起重载高压的。徒毁古物，无补实用。何苦求一时的快意，而糟蹋全民的古老的遗产呢？

整理古书的建议

　　有许多重要的古书，我们还没有动手去整理。这是一个很大的空白点。鼎有三只足；学术研究和创造、发明，也有三只足。一只足是现代科学，一只足是民族文化遗产，一只足是外国的古代文化遗产。缺少了任何一只足，那座鼎就会站立不住。学术研究、创作或发明是要在古今中外的知识、学术的累积的基础之上发展起来的。故唯物论者们也必须知道唯心论的来龙去脉方行。国外的著作，靠翻译；民族文化遗产，靠整理。我们提倡民族文化遗产已有好几年了。但对于最重要的古代文化的宝库，像《十三经》《二十四史》之类，曾经加以整理了没有呢？要知道能读"古书"的人越来越少了。读不断句的人，在专家们里面也不见得没有。整理古书，便是一件对专家们做的功德无量的事。我们不能设想，像现在那样地停留在"原始状态"的古书，对于现代的科学家们会有什么帮助。医师们埋怨说：《素问》《内经》难读。的确，那埋怨是对的。我以为，今天整理"古书"，必须分三个阶段进行。第一，选择最好的，即最正确、最可靠的本子，加以标点（或句读），并分别章节，加以必要的校勘，附以索引。这工作不太简单，必须专家来做。虽是"章句之儒"的事业，却非大师们亲自出马不可。像《十三经》，阮元刻本，本来可用。但新出现的"石经"、单疏、古写本、古刻本等等，可资以校勘的，还有不少。如果把《十三经》再加以一番整理，一定会后来居上的。至于《二十四史》，则更需要一番整理工夫，且必须立即进行。乾隆版的经过整理的《二十四史》，问题很大（同文本、竹简斋本等，均系影印这个本子），张元济先生在《百衲本二十四史》的校勘记里已发其复。《百衲本二十四史》则卷帙浩大，仅照原本影印，未经加工整理。读史是一件要事，特别是中国的《二十四史》，它们乃是各时代的"百科全书"，不仅是政治史。凡搞一切学问的人，都不能不问津于这部大书。故整理尤有必要，且须加速。否则，会阻碍了我国学术的突飞猛进的前进速度的。《二十四史》的分别章节，尤为必要。像《史记》里的《司马相如传》，除开了几篇"赋"之外，记事的文字没有千几百字。如果把"赋"（以及许多"论"和"奏议"等等）低一格排印出来，则顿时眉目清爽，读之省力多多。第二，把那些重要的古书，凡是有"注"的，或别的书里注释或说明它的一篇一章、一节一语的，或批评到它的某一篇、某一句的文章，全部搜集在一起，作为"集注"，像王先谦著的《汉书补注》《后汉书集解》，或丁福保著的《说文解字诂林》那样。这是完全必要的。古学专家们是擅长于此道的，而且，有好些人已经在做。第三，然后进一步才可以谈到"新注"，即新的解释和研究。这也是十分必要的，但不是一步即可办到，需要很长的过程。在这三个整理阶段，均可以由若干位专家，各自负责一部"书"，分别先后缓急，依次进行。还可以仿照宋朝司马光撰《资治通鉴》的办法，"以书局自随"。不必要把专家们都集中在一地，只要供给他们以必要的助手、比较完备的图书和不太大的费用即可。他们也可以随时到各地去阅书、访书。不必责以完成的期限。第一阶段工作是最需要的，完成之后，便可以进入第二、三阶段的工作了。这是"千秋"的事业。中华人民共和国出版的这三种版本的古代经典著作，将是历史上最正确、最可靠、最有用的版本——不一定是最后的一个定本，却可信其为空前的一个定本。

地下出土的书籍

　　许多人，包括我自己在内，向来有这么一个念头，觉得什么东西都可以从地下出土，而使之重见天日，独有古书则埋藏到地下之后，经过了若干年，一定会化成泥浆或灰烬而无法保存下来。古代的竹简或者还可以保存到千百年之后，像晋时发现的魏安釐王墓里的《汲冢周书》，前几十年，在西陲发现的大批汉简，近几年在长沙的楚墓和汉墓发现的竹简和木简之类。在干燥的西北地区，像新疆、甘肃一带，也有可能把纸质或绢质的东西保存得很久，很久。像敦煌千佛洞就保存了许多古代的写本、绢质的佛画等等。俄国的柯兹洛夫也曾在我国甘肃的黑水城发掘出来《刘智远诸宫调》一书和一些纸质的木版画，像关羽像和四美人图。但我们总以为，在潮湿多水的江南一带，古书一入土，就无法再保存了，换一句话，就是，在江南一带，我们不会有机会发掘出地下埋藏的书籍出来。事实果真是这样么？恰恰不然！事实证明，我们在江南地区，甚至在全国各地，都有机会发掘出古书来。

　　一件事，曾经轰动江南，也轰动全国的医学界。我们在扬州发现了一个明代嘉靖（16 世纪）时期的古墓，墓中主人翁是曾经反对过严嵩的一位大臣盛仪和他的妻子彭淑洁，当他们的尸体发现时，一点也没有腐烂，据说，面色如生，肌肉都还柔软。这两具尸体，后来就送到南通一个医学院去解剖。结果如何，未见下文。但这墓里出土的文物却有不少，日报上也曾提到过，却忘记了提起一件事，就是这个古墓里也出土了一部古书。这乃是一件十分动人听闻的消息！为什么不被记者们注意呢？我去年春天到了扬州，在梅花岭史公祠的文物保管委员会里，见到了这部古书，就特别地加以注意。这部书并不稀罕，乃是一部明代正德刻本的《孝经》。稀罕的是它是从四百多年前的古墓里出土的，而且是完好如新。可能有什么特别的秘方妙诀，能够使尸体不腐，也能使许多随葬物，包括纸质的书籍在内，全部保存得完好如新。难道只不过是偶然的现象么？这几年来，江南一带，出现了不少保存得很好的尸体，大部分是属于明代的，这应该引起科学家们的注意吧。可惜的是，发掘者只注意到尸体和随葬物，却没有研究四周环境，土质和棺木里的"防腐剂"。

在这个墓里，还出土了一大张纸质木刻的"路引"，两把纸质的折扇——一把是泥金的，一把是洒金的——也都完好如新。

这个发现更正了我们过去的错误见解，鼓励了我们去注意地下出土的任何古物。我们知道，任何古物，包括纸质的书籍或绘画在内，都有可能在古墓葬、古文化遗址里发现。我们必须加紧注意，并研究怎样加以保存的科学的方法。在过去，在古墓里也曾发现过不少丝织的衣服等，总是以"见风化灰"一句话来形容它。果真没法保存么？

还有一件要事，至今未见下文。这也是有关地下的书籍的。明末的一位民族英雄夏允彝的墓被盗掘了，松江地方的人立刻起来加以保护。他的尸身好像也不曾腐烂。在墓中有一大堆的原稿，用绢或布包裹得很好，上面铺了好几层布。那些布被拿走了，但原稿并没有动。江苏省文化局和江苏省文管会派人去调查。我那时正在南方，就告诉他们，那些原稿必须设法取了出来，即使已经化成了泥浆。后来不知结果如何。据说，那位调查的人，见到了那一堆原稿，泡在水里，却怕下水去拿它，就依旧地用土封了起来，却谎报说：已经化成了泥浆，没法取出。去年秋天，我又到了江南，又问起了这件事。他们才原原本本地告诉我这个经过。夏允彝的原稿，这是多么珍贵的东西！其中必有不少是有关明末史料的！如果完整地取了出来，乃是一个如何重大的发现！将替我国历史增加了多少重要的篇页，同时，也替我国文学史增加多少重要的作品，却被损失在那个不负责任的"懒汉"之手！江苏省文化局又在设法，看看是否还有挽救的余地，是否还可保存若干页。但愿他们的工作成功！

图书在版编目（CIP）数据

肝胆文章，一生皆为文学事：郑振铎自述 / 郑振铎
著 . —北京：中国文史出版社，2020.12
（百年中国记忆 . 文学家自述）
ISBN 978-7-5205-2525-1

Ⅰ . ①肝… Ⅱ . ①郑… Ⅲ . ①郑振铎（1898—1958）
—自传 Ⅳ . ① K825.6

中国版本图书馆 CIP 数据核字（2020）第 221252 号

责任编辑：高　贝

出版发行：中国文史出版社
社　　址：北京市海淀区西八里庄路 69 号院　邮编：100142
电　　话：010-81136606　81136602　81136603（发行部）
传　　真：010-81136655
印　　装：北京新华印刷有限公司
经　　销：全国新华书店
开　　本：787mm×1092mm　1/16
印　　张：17.5
字　　数：256 千字
版　　次：2021 年 3 月第 1 版
印　　次：2021 年 3 月第 1 次印刷
定　　价：59.80 元